多元共治：东北边疆民族地区乡村治理研究

——基于龙井市明东村的调查

多元共治：
东北边疆民族地区
乡村治理研究

一 基于龙井市明东村的调查

朴贞花

亦乐出版社

序言

　　党的十八届三中全会首次提出"推进国家治理体系和治理能力现代化"，为新时代国家治理指明了发展方向。乡村治理是国家治理的重要组成部分，是国家治理的微观基础、细胞工程，其精神内涵与国家治理现代化保持共性。乡村治理在治理价值上强调多元、合作、参与、法治、规范等多维追求，在治理目标上追求乡村治理体系与治理能力的现代化。乡村治理体系现代化意味着对传统的、行政主导的一元式权威治理模式进行变革，主张在乡村治理过程中建立一个多元主体协商、合作、互补的治理体系，这一体系不仅包含基层党组织和基层政府等核心公共权威组织，也包含事实上参与乡村治理过程的内生或外来的村民自治组织、社会组织、市场组织、民间权威及广大人民群众等主体与力量，实现不同治理要素的良性互动，发挥多维主体在乡村治理中的综合效用，健全自治、法治、德治相结合的乡村治理体系，形成更具包容性的乡村建设合力。

　　我国边疆民族地区乡村治理与国家整体乡村治理紧密关联、相互联系，同时又集边疆和民族事务治理等多重属性，承载着维护国家安全、边疆稳定的重要政治使命。充分认识我国边疆民族地区乡村治理的时代意蕴，客观分析当前我国边疆民族地区乡村治理的突出问题并进行应有逻辑转换，对于提高我国边疆民族地区乡村治理效能和治理水平，维护我国边疆民族地区乡村社会稳定和国家安全具有重要的现实和长远意义。

本书以延边州明东村乡村治理的实践为个案，具体阐述以下三个问题：一是乡村治理的主体是谁？乡村治理在客观上已经进入了一个新时代，但"乡村治理的主体是谁"的问题却仍然没有标准答案。本文不是去探究绝对标准，而是尝试构建选择场域，通过对明东村的实践来为我们的命题找到相对应的答案。二是从乡村治理主体角度而言，当下乡村治理面对的困境及其影响。尽管近几年乡村治理实践取得了一定的成效，但随着改革开放的深入与城镇化的飞速发展，乡村治理也面临诸如乡村治理组织体系的结构困境、民族地区特有的人口流失及由此引发的乡村治理主体缺失、现有农地制度的制约等问题。这些问题影响着农村地区的发展，也不同程度地制约着国家治理现代化的进程。三是，破解民族地区乡村治理困境的路径。延边地区地处东北边疆民族地区，由于民族的、地域的特殊性，乡村治理模式自然不可能千村一面、千篇一律，而是要因地制宜，因村施策。首先要进一步优化治理的多元主体，突出"一核"的同时，构建共建共治共享的乡村多元合作治理格局，尤其要发挥好村民自治组织与社会力量的多元作用；其次，多措并举补齐乡村治理人才短板。当下制约民族地区乡村治理的最大瓶颈是人才短缺、能量不足及村庄的空心化、老龄化。出台相关人才引入政策，构建就业平台，大力支持各类人员返乡发展，尤其要加大跨国流动的农民工回引力度，最大限度地发挥返乡"农民工"的资源优势；再次，用"确权不确地""股份合作制"等多种渠道，实现土地由集体经济组织统筹经营，以克服现有农地制度的"农户主义"弊端，发展壮大集体经济，增强个体化农民与村共同体、村集体的共同利益点，将农民有效组织起来。

总而言之，在乡村基层治理中，治理有效的关键因素是治理主体。治理主体能否明确治理职能，充分发挥治理优势直接影响乡村基层治理成效。在国家治理能力现代化视域下研究乡村基层治理主体问题不仅是解决乡村发展问题的迫切需要，也是加快推进乡村现代化发展的关键一步，更是实现国家治理能力现代化的必要之举。

笔者多年从事东北边疆民族地区乡村社会发展与治理问题的研究课题，在边疆民族地区乡村社会经济发展和治理问题上进行了大量的田野调查。是在对边疆民族地区乡村发展和治理具备充分的认识和理解的基础上，积极进行东北边疆民族地区乡村治理问题的长期研究，并综合以往的研究成果，形成了此部著作。

本书的出版得到了我的博士导师朴今海教授的无私帮助和支持，在此由衷地表示感谢。碍于水平有限，本书纰漏和不足之处在所难免，恳请专家学者和广大读者进行批评指正。

笔者

2023年10月

目录

第一章

绪论

1.1 研究背景及研究意义

1.1.1 研究背景

天下之势不盛则衰，天下之治不进则退。治理与人类始终相随，只要人类存在，就必然需要治理，它的发展经历着"原始治理——国家治理——未来治理"的历史进程[1]。国家治理，是以国家为中心对政治、经济、社会文化等方面的公共事务进行安排和处置，是事关国泰民安的宏大事项。中华人民共和国成立70多年来，我们党根据不断变化的时空环境，与时俱进地探索国家治理现代化问题并取得重大成果，实现了政治稳定、经济发展、社会和谐、民族团结。在党的十八届三中全会决议中，国家治理体系和治理能力现代化首次"入题"；党的十九届四中全会，使国家治理体系和治理能力现代化进入

---

[1] 许耀桐. 从五个角度理解"国家治理". 人民网，2014-09-11.
http://theory.people.com.cn/n/2014/0911/c388581-25643097.html

"解题"阶段。从"入题"到"解题"，既恰逢其时又具备充分的条件。然而，新时代、新征程如何交出满意"答卷"，关键要看基层、要看细节，那么落脚点无疑还是要放在乡村治理上。在国家治理的整体格局中，乡村治理是国家治理的根基，占据着重要的地位，可以说，乡村治理的状况决定着国家治理的水平，乡村治理现代化成为国家治理现代化的重要内容[2]。正如党的二十大报告中所指出的，"全面建设社会主义现代化国家，最艰巨最繁重的任务仍然在农村"。

乡村如何治理？乡愁何能不愁？既是实现乡村振兴战略的关键，也是夯实国家治理基础，稳固党在农村基层执政根基的关键。党的十九大报告提出"要加强农村基层基础工作，健全自治、法治、德治相结合的乡村治理体系。"十九届四中全会决定提出"构建基层社会治理新格局"，强调"完善群众参与基层社会治理的制度化渠道。健全党组织领导的自治、法治、德治相结合的城乡基层治理体系。"党的二十大报告中强调全面推进乡村振兴，要求"坚持大抓基层的鲜明导向，抓党建促乡村振兴，加强城市社区党建工作，推进以党建引领基层治理。"一系列重要会议吹响了全面推进国家治理体系和治理能力现代化的时代号角，也为广大农村社会的良序善治和亿万农民群众的幸福安康描绘出了更加绚丽的发展愿景。如何结合本地区农村的具体实际，贯彻落实好党中央的战略部署，开创出"中国之治"新境界，这是摆在我们面前的紧迫任务。

中国的乡村治理在理论与实践上都受到高度重视。但很受重视，并不等于就顺带解决了乡村治理的种种棘手问题。就时空方位而言，中国正处在一个农业与工业、乡村与城镇、农民与市民替代性

2　人民论坛"特别策划"组. 变迁中的中国乡村治理. 人民论坛, 2015(14).

变化的关键时期。同时，中国是一个统一的多民族国家，民族地区幅员辽阔，且多地处边疆，在国际发展大局中具有重要战略地位。边疆民族地区乡村治理是构建现代国家治理体系的重要组成部分，其治理状况直接关系国家大局的稳定。延边朝鲜族自治州(以下简称延边州或延边)是我国最大的朝鲜族聚居地，也是唯一的朝鲜族自治州，地处中俄朝三国交界，东与俄罗斯滨海边疆区接壤，南隔图们江与朝鲜咸镜北道、两江道相望，边境线总长787.7公里。其中，中朝边境线541.7公里，中俄边境线246公里。改革开放后，尤其是进入21世纪以来，快速的社会变迁使得延边地区不仅面临着因全球化、城镇化、市场化而引发的共性问题，而且由于地处边境地带，加上跨境民族地区区位因素，更容易受到国际政治变化影响，加重了区域社会治理的复杂性和艰巨性。当下在新型城镇化的发展背景下，广大乡村正处于现代化的转型期，但是乡村基层治理依旧呈现出在制度、体系以及结构等多方面的对冲，造成了基层治理工作的离散与乏力。由于乡村的空心化以及共同利益点的缺失，各行为主体自成一家，失去了集体行动的契机点，造成了他们对于乡村治理的漠视，作为其中的主体，村民却常常以"失声"的形象存在。因此，在乡村各行为主体的视域下，面对乡村治理中的诸多困境，如何重构乡村治理体系，破解乡村多元主体间的对冲泥潭成为关键。

身在延边40余年，家乡几十年的变迁发展时常如电影般在脑海中放映。孩童时期朝鲜族农村充满人间烟火气的热闹景象始终难以忘怀，21世纪初朝鲜族农村不断出现人走村衰的颓然景象更是让人记忆犹新。短时期内同时见证着截然不同的两幅图景，笔者的心中总有种莫名的情愫，有追忆、有伤感、有惋惜，亦有期许。好在而后的新农村建设不断推进，朝鲜族农村虽缺少人气但村容村貌焕然一新，尤其近几年乡村振兴战略的实施使之焕发出特色鲜明的生机活力。这种"新"和"兴"让我看到了延边乡村重现繁荣的希望，但在笔者的心中又埋下了一丝忐忑，毕竟边疆民族地区的乡村治理更具复杂性、挑战性。延边地区边境线长、口岸多，乡村人口严重"过疏化""空心化"，需要多民族共同协力促进社会治理创新，维护边疆民族地区安全稳定。伴随农村政治、经济、社会文化等方面的快速发展，乡村治理主体格局已经发生变化，逐渐由单一主体向多元主体转型，而且乡村各类社会组织、乡村精英和乡村居民等多元治理主体的参与意识、治理水平和自治能力逐渐培育起来。与此同时，乡村治理格局转型中面临的困境和矛盾愈发凸显，集中表现在乡村治理主体间的协调性上，以党政为主导的一元化乡村治理格局尚未根本转变，乡村社会内部多元主体的主观能动性和激情尚未充分发挥，这都严重制约影响着乡村治理的成效。新时代，如何助力边疆民族地区乡村进行自主管理，从而实现乡村社会的有序发展成为全面建设社会主义现代化国家的重要课题。基于此，本书选取地处东北边疆的朝鲜族特色村寨——延边州龙井市明东村作为田野点，围绕"乡村治理"这一主题开展与之相关的综合性调查研究，以期为边疆民族地区的乡村治理问题提供有益的思考和借鉴。

1.1.2 研究意义

党和国家一直把推动乡村治理现代化作为"三农"工作的重要任务，因为乡村治理是国家治理的基石，也决定了乡村发展水平和国家治理能力的延伸性。虽然近几年乡村社会持续蓬勃发展，但也面临新的考验。随着治理的主体范围不断扩大，治理复杂程度和难度也相应加深。因此，在多元共治格局下，如何实现乡村治理现代化，成为当前亟待解决的难题和研究乡村社会发展的热点方向。2022年中央一号文件强调了乡村治理作为三项重点任务之一的地位，进一步凸显了乡村治理现代化的紧迫性和重要性。

理论意义：

本书通过整理并概括多元治理主体的相关概念、理论渊源，以期为多元共治格局下推进乡村治理现代化的相关研究提供理论指导。

第一，立足多元主体共治的格局，针对东北边疆民族地区乡村治理展开研究，既可以深化马克思主义国家治理理论在当代中国的发展，也可以给出乡村治理的"中国方案与模式"或"边疆民族地区方案与模式"。本研究选取的田野点既具有东北边疆民族地区的共性，又有时代脚步下特定民族发展变迁的特殊性，其现代化乡村治理过程中的问题呈现，不仅顺应了国家治理体系和治理能力现代化的研究趋势，也推动了中国特色乡村治理理论的进一步探索。

第二，对边疆民族地区乡村治理的研究不仅能够丰富和发展政治学、社会学、民族学、人类学等学科范畴的理论资源，也可以建立起学科间的相互联系。本研究作为一项综合性研究，以文献研究法为基础，以田野调查法为根本，以跨学科研究法为联结。其中，在跨学科研究法运用的过程中，经典马克思主义理论、马克思主义中国化的理论、现代西方治理理论，以及民族政治学等理论会实现有机汇聚与融合，进而为多元共治格局下推动乡村治理提供一种综合性、多维度的理论填充与支撑。

现实意义：

科学研究的重要意义在于掌握未知的客观、修正已知的主观。多元共治格局下乡村治理的问题由来已久，但未达到治理有效的理想状态，其未来何去何从也存在诸多未知。时代的车轮已前进到此，国内外经济社会发展局势已摆在眼前，边疆民族地区的乡村治理现状与问题也在呈现……当前环境下，本研究重要且必要，其现实意义主要体现在如下几点。

第一，有利于实现广大人民群众对美好生活需要的客观要求。在庆祝中国共产党成立100周年大会上，习近平总书记宣布，实现第一个百年奋斗目标意味着中华大地上全面建成了小康社会，并历史性地解决了绝对贫困问题。这也意味着边疆民族地区的乡村与全国一道，同步全面建成了小康社会，消除了绝对贫困的问题。然而，我们必须清醒地认识到，在边疆民族地区的乡村，发展不平衡不充分的问题仍然十分突出，是我国发展不平衡不充分问题最为典型、最为集中的场域。由于受到自然、历史文化、地理环境、社会发育程度等因素的制约和影响，巩固拓展好脱贫攻坚成果任务依然异常艰巨，因病或自然灾害致贫返贫的风险依然存在。因此，解决这些问题成为了我国边疆民族地区乡村治理的重中之重。通过提高乡村治理效能和治理水平，促进社会公平，增进民生福祉，不断实现广大人民群众对美好生活的向往，从而更好地推动我国边疆民族地区乡村的全面发展和实现共同富裕。

第二，有利于维护边疆稳定和国家安全，铸牢边疆民族地区中华民族共同体意识。当前地缘政治局势错综复杂，边疆承载着维护国家安全、社会稳定的重要政治使命。由于特殊的地理位置、复杂的文化环境和特殊的国防意义，我国边疆民族地区乡村成为境外反华势力和暴力恐怖势力意图集聚并从事非法活动的重要场域。同时，存在多维风险隐患，境外敌对势力通过更加细腻和复杂的方式渗透边疆民族地区，威胁我国意识形态安全；境外反动势力利用宗教进行非法活动和民族分裂活动，对国家安全埋下隐患；偷渡行为对边疆民族地区乡村社会稳定和良好秩序会造成极强的负面影响。因此，加强乡村治理是防范和化解我国边疆稳定和国家安全多维风险隐患的内在属性，也是维护我国边疆民族地区乡村民族团结、意识形态安全的重要手段。同时，通过总结经验和教训、探索规律和创新路径、提升治理能力，有利于加强边疆各族人民的交往交流交融，增强各族人民的获得感、幸福感、安全感，推动民族团结进步、边境繁荣稳定，对于铸牢边疆民族地区中华民族共同体意识具有重要的现实意义。

第三，有利于保障乡村振兴战略的实施，实现社会主义现代化强国目标。党的十九大报告提出了"产业兴旺、生态宜居、乡风文明、治理有效、生活富裕"的总要求，要建立健全城乡融合发展体制机制和政策体系，加快推进农业农村现代化。这一总体要求囊括了乡村社会各项事业，涵盖了乡村经济、政治、文化、社会、生态的全面发展，是中国特色社会主义事业"五位一体"的总体布局在乡村的深化实践和拓展。习近平总书记多次强调指出，乡村振兴要夯实乡村治理这一根基，加强和改进乡村治理，并将乡村社会治理现代化视为乡村振兴战略的基石。由于长期处于相对边缘化的场域，我国边疆民族地区乡村面临着资源配置、基础设施和各项社会事业较为脆弱的问题。因此，要实现乡村振兴战略，不仅需要国家层面的政策支持和基础设施建设的投入，还需要强有力的治理组织体系来做保障。同时，需要健全乡村治理体系，提高乡村治理的主体协同能力和社会治理效能，以确保乡村振兴战略的实施、政策的落实以及资金项目的落地生根。

1.2 国内外相关研究动态

1.2.1 国外相关研究

1.2.1.1 国外乡村治理模式与经验研究

"乡村治理""乡村建设"抑或是"新农村建设"虽然提法不同，但开展的目的具有一致性和贯通性，既包括对乡村进行的现代国家自上而下的宏观管理，又包括自下而上实行的传统乡村的自我改造。西方发达国家在乡村治理研究和实践已经有数个世纪，在这些研究和实践中逐渐形成了具有本国特色的乡村治理模式。总结分析通过对国外乡村治理研究现状的深入分析，发现目前理论界对于国外乡村治理典型模式的研究成果颇为丰富，主要聚焦于国外乡村治理模式对中国的启示意义及发达国家和地区乡村治理模式的经典个案研究。由于不同国家的政体制度、实际国情、经济发展状况和社会发展水平等多方面的差异，世界各国的乡村治理模式亦有所差别。

经济发展初期，欧美发达国家普遍采取优先发展城市和工业的策略，而在这个城市化、工业化的策略中乡村常常被视为提供所需资源要素的供给地，这也造就了其在乡村治理中注重突出与农业产业新价值相关的策略，农民自然被赋予提供更高品质的生存、生产、生活物品的使命[3]。然而，农村变革意味着就业基础发生根本性的变化，还意味着人口运动状况发生重大变动[4]。快速度的城市化以及强烈的生产主义逻辑和行为，不仅直接导致城乡发展不平衡、不匹配，而且迫使生产性农业以及生产主义乡村陷入危机，随之而来的环境污染、城市发展动力不足、交通堵塞等问题日渐突出。因此，欧美发达国家通过制定法律法规、提供相关政策支持、动员社会力量等方式，汇聚各方力量，共促乡村全面发展，较早重视和实现了乡村治理现代化。纵观世界乡村治理，德国、瑞士、法国、荷兰、美国、加拿大、日本、韩国等国家推行的乡村治理模式及他们的经验做法得到广泛认可，对那些想要推动乡村治理现代化的国家具有一定的借鉴意义。

德国采用的是循序渐进型乡村治理模式，为了实现农村社会的整体效益，德国政府不断调整现有的乡村治理目标、手段与方式，推动经济社会快速发展。这一模式下村庄更新虽然周期漫长，但循序渐进的发展步骤更能使农村充满活力并保留乡村特色。瑞士秉承绿色环保理念，采用的是生态环境型乡村治理模式，打造了农业现代化的先行样板。通过结合乡村社会的生态、文化、休闲、旅游以及

---

3   Conference Information. 2002. The Countryside in the 21st Century British-Germans Perspective, Conference on Rural Policy. Rural Governance and Contempotary Countryside in Britain and Germany, September：3-7.

4   [美]理查德·兰茨第尔. 美国的小城镇工业就业与农村变革[J]. 周宝生，农村经济与社会，1989(02)：23-28.

经济等价值，进而提高农民的生活品质，满足地方发展需求。法国推行的是综合发展型乡村治理模式，他们以国家整体规划和科学指导为基础，通过各部门高效协同、互融互促，建立利益共同体，促进工农协同发展的良性经济循环，加快推进农业现代化。鉴于荷兰农村资源相对贫乏，荷兰采用了"精简集约型"乡村治理模式。国家实行"精耕细作、多重精简利用"的模式，实现经济效益的规模化和专业化的双重丰收，在促进农村经济发展的同时，推动村庄的城市化和可持续发展。美国采用的是"城乡共生型"乡村治理模式，政府重视乡村经济、生态、文化及生活的协同发展。加拿大采用的乡村治理模式属于"伙伴协作型"。政府不再是"高高在上"的机构，加拿大政府不断加强部门间协调沟通，与村民建立了友好合作伙伴关系，并帮助村民改善生活条件，大力推进农村现代化。日本采用的是"因地制宜型"乡村治理模式。在乡村治理工作中，坚持具体问题具体分析的原则，对当地资源进行整合与开发，充分发挥区域经济优势，打造具有鲜明地方特色的品牌，提升农村社会的整体效益。韩国的乡村治理模式为自主协同类型，属于政府和村民双向联动机制。政府需要通过整治和改造农村，维护政府的合法地位，塑造良好的政府形象；然而，农民也希望能靠自己的双手，改变村庄落后面貌，增加经济收入，提高生活品质，摆脱贫困。

按照地域分布，李金锴等人在东亚地区、欧美地区和南美地区挑选出乡村治理的典型国家，以影响乡村治理发展进程的重大事件与政策为线索进行梳理和归纳，总结出东亚乡村治理、欧美乡村治理和南美乡村治理等三种发展模式并展开对比，为该方面研究提供了极大便利[5]。

表1-1 乡村治理的主要模式对比与归纳

治理模式	主要目的	治理体制	主要特点	发展道路
东亚乡村治理模式	保护农户利益、缩小城乡差距与贫富差距	政府引导、村民主导	重视农村教育和人才培养	利用先进企业带动落后乡村的发展
欧美乡村治理模式	保护农户收入、提高农户的专业水平与生产规模化水平	设立以议事组织和执行组织为核心的乡村二元行政组织	以城带乡，利用城市优势资源协助乡村治理	积极发展培育乡村文化，主动立法保障农民利益
拉美乡村治理模式	减缓社会矛盾，保障人民温饱	推动土地改革与土地分配并建立社会福利保障体系	一定程度上缓解社会矛盾，初步探索实践建立农民权益保障体系	利用国家力量和财政资金推动农村的脱贫减贫

　　客观来看，韩国的乡村发展与振兴运动在一定程度上对中国的新农村建设以及乡村治理战略产生了影响，也有众多学者试图通过对韩国乡村治理进行研究，为我国的乡村治理提供可资借鉴的经验与方案。20世纪70年代，韩国政府在全国范围内实行"勤勉、自主、协同"的新村运动，改善城乡关系、推动农村发展，增加农民收入。就其实质而言，新村运动是一场由政府主导的集中为农村提供公共品，并致力于缩小城乡差距的综合性社会治理运动[6]，在具体建设内容上，韩国新村运动分为几个步骤：第一，加大基础设施建设力度，改善农村人居环境，提高农民的生活品质；第二，优化农业产

5　李金锴等. 乡村治理何以有效？——国外典型实践模式及启示[J]. 山西农业大学学报，2022(01)：44-54.

6　张青. 农村公共产品供给的国际经验借鉴——以韩国新村运动为例[J]. 社会主义研究，2005(05)：75-77.

业结构，提升农民经济收入；第三，培育和发展各类互助合作型的农村协会，促进城乡实现共赢；第四，建立村民会馆，调动农民的积极性，让农民积极主动参与其中；第五，开展村民教育活动，提升农民的知识文化水平和创造性，激发农民对管理乡村和建设乡村的积极性。新村运动的结果是二元结构经济被打破，韩国经济获得了快速增长[7]。中韩两国的经济模式、文化背景、自然条件相似，因此，韩国新村运动对中国乡村治理具有一定的借鉴意义。但是在借鉴相关经验的同时，不应忽略中国的特殊情况，中国的乡村发展与乡村振兴具有更大的复杂性与特殊性[8]。而乡村发展中的农民参与、非经济激励、发展项目中的分权管理等则是可以适用于中国乡村治理实践的[9]。

除了模式化的研究，学界也不乏零散性的田野调查个案。由中国－欧盟村务管理培训项目提供资助、赖海榕主编的《乡村治理的国际比较》[10]，当中各篇文章的作者虽为中国学者，但他们以个案的方式深入考察了德国、匈牙利、印度和中国四国乡村治理中的决策分配、责任分配、融资结构和监督手段等，探讨各级党委政府在改善乡村治理方面可以采取的战略、政策、立法和制度，为我们了解国外乡村治理模式提供了重要的参考。

值得关注的是，随着时代步伐的前进，数字经济成为推动国家经

7　徐洁，韩莉. 加大农村公共产品供给 促进二元经济结构转化——韩国新村运动对我国农村经济发展的启示[J]. 北京联合大学学报，2003(02)：44-48.

8　龚维斌. 韩国新村运动评析[J]. 国家行政学院学报，2006(04)：81-84.

9　金荣杓等. 韩国新村运动对中国农村发展的启示[J]. 经济社会体制比较，2007(04)：115-117.

10　赖海榕主编. 乡村治理的国际比较[M]. 长春：吉林人民出版社，2006：03.

济高质量发展的重要驱动。目前，大部分国家(地区)已全面开展政府数字化转型，乡村治理数字化作为数字社会治理的一部分得到快速发展，并取得良好的效果[11]。对在乡村治理数字化领域起步较早的美、英为代表的发达国家，以及与中国相近的农业农村资源以及发展模式的韩、日等国开展该领域的现状展开分析，能够为我国乡村治理数字化发展提供高价值的经验启示。

1.2.1.2 国外学者对中国乡村治理的研究

在漫长的村庄发展历程中，学界对其关注早已有之，国外学者对我国的乡村研究亦年代久远，甚至可以说达到了一个全面性、历时性、广布性、专业性的水平。据统计，目前大约有16个国家成立了专门研究当代中国问题的机构，全球在中国研究方面具有较大影响力的研究机构已经增加到112个，其中涉及中国乡村研究的机构达到28个，中国乡村研究已经成为世界性的研究[12]。

严格来讲，有关中国农村社会的研究，最早是由国外学者进行的。美国传教士史密斯(A.H.Smith，中文名为明恩溥)可以称为开拓中国农村社会生活情形调查的先河之人，他在山东、河北等省农村布道四十余年的同时，兼作中国农村田野调查，1899年写成《中国乡村生活》[13]。此后，国外学者社会学视角下的开创性研究与论战、经济学视角下的实证性研究、历史学视角下的学理性研究、政治学

11 王洁琼等. 国外乡村治理数字化战略、实践及启示[J]. 图书馆，2021(11)：50-57.

12 王栀韩. 继替与融合：海外中国乡村研究的新发展[J]. 国外理论动态，2014(08)：61-71.

13 明恩溥. 中国乡村生活[M]. 北京：中华书局，2006.

视角下的现实主义研究层出不穷。仅就研究著作而言，国外学者对中国乡村治理主要代表有马克赛尔登的《他们为什么获胜：对中共与农民的反思》[14]；墨宁《中国农村的选举联系》[15]；柯丹青的《中国国内关于村民自治的争论》[16]；戴慕珍的《选举与权力：中国村庄的决策主导者》[17]；黄宗智的《华北的小农经济与社会变迁》[18]和《长江三角洲的小农家庭与乡村发展》[19]；史天健的《中国大陆的文化价值观念与民主》[20]；欧博文的《村民、选举及公民权》[21]；弗里曼、毕克伟、塞尔登的《中国乡村，社会主义国家》[22]；丹尼尔·哈里森的《华南的乡村生活》[23]；白苏珊的《乡村中国的权利与财富：制度变迁的

14　[美]马克·塞尔登. 他们为什么获胜？——对中共与农民关系的反思[M]. 南开大学历史系编. 《中外学者论抗日根据地》. 北京：档案出版社，1985.

15　MelanieF. Manion. The Electoral Connection in Chinese Countryside, in American Journal of Political Science, Vol. 90, December1996：736-748.

16　Daniel Kelliher, "The Chinese Debate over Village Self-Government", The China Journal, no. 37, January1997：85.

17　[美]戴慕珍(Jean C. Oi). 选举与权力：中国村庄的决策主导者[C]. 华中师范大学中国农村问题研究中心". 中国农村村民委员会选举学术研讨会"，2000.

18　[美]黄宗智. 华北的小农经济与社会变迁[M]. 北京：中华书局，2004.

19　[美]黄宗智. 长江三角洲小农家庭与乡村发展[M]. 北京：中华书局，2000.

20　史天健. 中国大陆的文化价值观念与民主[J]. 中国季刊(中国选举特刊)，2000(06).

21　欧博文. 村民、选举及公民权[C]. 香港中文大学大学服务中心、香港浸会大学政府与国际研究系. "第二届大陆村级组织建设学术讨论会"，2001.

22　[美]弗里曼，毕克伟等著. 中国乡村，社会主义国家[M]. 陶鹤山译. 北京：社会科学文献出版社，2002.

23　[美]丹尼尔·哈里森·葛学溥. 华南的乡村生活：广东凤凰村的家族主义社会学研究导论[M]. 周大鸣译. 北京：知识产权出版社，2012.

政治经济学》[24]等等。这些学者从不同学科出发，运用各自的理论，对中国乡村的社会、政治、经济、文化等各个方面问题进行多角度地探讨。若将相关研究成果按主题分类，可以涵盖以下几个较为突出的内容：

关于中国乡村面貌的整体研究。欲知其里，必先知其表，国外对中国乡村治理的相关研究始于对中国乡村面貌的调查。例如美国农业经济学家卜凯(John Lossing Buck)[25]深入中国七个省份的多个农家进行走访调研，详细记录了当时中国农业生产与农民生活情况，为后续研究提供了重要资料，为研究中国农村经济问题的研究者提供了思路。美籍学者丹尼尔·哈里森根据在中国广东长期对凤凰村进行的田野调查与研究，对该村落的政治、教育、民主管理方式等方面进行了深刻的阐述。随后美籍华裔学者黄宗智在其著作中将中国华北农村向世界各国读者展现出来，借助美国人类学家格尔茨的内卷化理论，对中国乡村社会变迁进行分析，指出"人口压力和社会分层结合起来，在一个停滞的小农经济上导致了一个特别恶性的顽固体系"[26]。美国学者罗斯高(Rozelle Scott)从乡村干部与村民、上级部门的关系角度，阐述了乡村治理关系影响土地制度的形成[27]。

关于中国乡村社会的政权问题研究。20世纪60年代以来，外国学者开始关注中国乡村社会权利结构的变化，对中国乡村的整体状

24　[美]白苏珊著. 乡村中国的权力与财富：制度变迁的政治经济学[M]. 郎友兴，方小平译. 杭州：浙江人民出版社，2009.

25　[美]卜凯. 中国农家经济[M]. 张履鸾译. 山西：山西出版社，2015：195-214.

26　[美]黄宗智. 华北的小农经济与社会变迁[M]. 北京：中华书局，2004：210-211.

27　Rozelle Scott and Guo Li. "Village Leaders and Land-Rights Formation in China."American Economics Review, 1998(5).

况进行研究的同时，不断深入中国农村，以具体场域为研究对象，对我国农村问题进行细致的研究与分析。黄宗智(Philip Huang)[28]对中国乡村社会秩序的变迁进行梳理，发现1949年后，国家权力不断向社会基层渗透，职能横向扩张，乡绅的作用逐渐削弱，中国乡村社会的主体力量从国家、乡绅、村民转变为国家与村民。萧凤霞(Helen F. Siu)[29]纵观新中国成立后到改革开放前权力结构和制度的变迁，将传统的绅士阶层与乡村干部区分开来，并通过田野实地调研，发现乡村干部成为国家代理人后，被纳入国家权力的范围内，国家政权与乡村之间的联系也逐渐呈现出由"疏离"到"聚合"的转变，因此，可以通过发挥村干部的力量，实现国家权力的延伸，进而使乡村成为国家最基本的治理单元。杜赞奇(Prasenjit Duara)[30]以1900-1940年的华北农村为研究对象，考察了乡村实际情况，并提出"权力的文化网络"这一概念,认为这是乡村社会特有的权力关系，探讨了国家政权与乡村社会之间的互动关系，指出国家代理人的职能之所以会异化，是因为乡村社会试图借助国家政权的建设来壮大自身的实力，从而导致村民反抗，对乡村社会带来了极大的冲击。爱德华(Edward Friedman)等人[31]对乡村社会现实情况进行分析，

---

28 [美]黄宗智. 华北的小农经济与社会变迁[M]. 北京：法律出版社，2004：190-247.

29 Helen F. Siu. Agents and Victims in South China：Accomplices in Rural Revolution. New Haven：Yale University Press，1989：110-113.

30 [印]杜赞奇. 文化、权力与中国：1900—1940 年的华北农村[M]. 王福明译. 南京：江苏人民出版社，2003：3+184-186.

31 [美]弗里曼著. 中国乡村，社会主义国家[M]. 陶鹤山译. 北京：社会科学文献出版社，2002：89.

认为村干部控制了整个乡村社会。克里斯汀(Kristen E.Looney)[32]分析了赣州的农村发展模式，通过研究发现，由于行政力量与农民力量的悬殊，农民自制的空间被压缩，致使新农村政策由"强调农民参与"转向"自上而下的响应"。

关于中国乡村治理现代化进程的研究。近年来，国外一些学者仍然关注着我国的乡村治理的进展和成效，认为我国乡村治理取得了很大成绩，有着向现代化治理的趋向。其中不乏比较独特的视角，例如，爱尔兰学者瑞雪·墨菲通过对中国南方三个村庄的农民工进行研究，指出中国的农民工从某种程度上促进乡村和国家的现代化发展[33]。也有学者关注中国现代发展过程中比较明显的城乡差距问题，通过不同指标将中国的城市和乡村进行对比，例如美国哈佛大学的托尼·赛琪(Tony Saich)认为，与城市居民相比，中国乡村人口对政策的满意度更低，应该着力提升在乡村治理过程中乡民对于政府的认同感[34]。总体来看，国外学者由于相对缺乏对于中国乡村的实践经验，对于中国乡村治理的内在结构，以及中国乡村通过何种方式迈向现代化的道路仍然没有深入的研究。

32　Kristen E. Looney. "China's Campaign to Build a New Socialist Countryside：Village Modernization, Peasant Councils, and the Ganzhou Model of Rural Development". The China Quarterly, 2015：242.

33　[爱尔兰]瑞雪·墨菲等. 农民工改变中国[M]. 黄涛，王静译. 杭州：浙江人民出版社，2009：19-21.

34　Tony Saich：Citizens'Perceptions of Governance in Rural and Urban China, Journal of Chinese Political Science, 2007(12).

1.2.2 国内相关研究

乡村治理是国家社会治理的重要组成部分，历来受到政府与学界的重视。改革开放以来，在中国共产党的领导下，我国乡村治理取得了显著的成效，由此产生了丰硕的研究成果。仅从中国知网学术资源库检索，以"乡村治理"为关键词的搜索结果为23485条，其中以之为"主要主题"的论文16000余篇，聚焦乡村治理、乡村振兴(战略)、新乡贤、乡村治理体系、基层治理、村民自治等研究内容[35]。

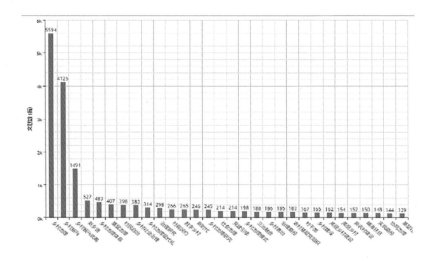

图1-1 按关键词统计的文献数量　资料来源：根据中国知网数据绘制

35　搜索时间：2023年2月1日

1.2.2.1 国内乡村治理研究的学术进路

多年来，乡村热度只增不减，乡村治理研究的热潮也未曾退却。目前来看，针对"乡村治理"这一议题本身的学术成果已经形成了较为系统的研究体系，讨论和探究的主题既涉及基础理论性问题，也涉及实证性现实问题，同时亦有模式性的经验探讨。

一是，乡村治理概念研究。概念问题是任何社会科学研究都无法逾越的起始性问题，研究的方式和视角则因人而异。学者们关于乡村治理概念的界定可谓多角度切入、多层面输出。贺雪峰从治理架构的视线来描述乡村的治理逻辑，认为作为国家治理当中的重要组成部分，乡村治理制度必须遵循国家制度，实现"乡政"与"村治"的有机融合，形成"乡政村治"的治理模式，而这一运作过程就是乡村治理实践的过程[36]。徐勇直击运管层面，指明乡村治理的关键在于权力的结构设计和高效运转，通过对乡村社会的管理和调节，达到稳定社会发展秩序等活动亦即治理的目的[37]。还有学者将制度与法治运用于乡村治理的过程中，强调这一过程的民主性、公正性、公平性。梁纪毅将法治理念融入乡村治理中，强调乡村治理的主体是村民，村民要根据法律制度、政策与村规民约，处理乡村社会的各项事务[38]。李正华[39]、熊兴[40]等则围绕乡村治理中的公共性展开讨论，指

36　贺雪峰. 新乡土中国[M]. 北京：北京大学出版社，2013：323-388.

37　徐勇. GOVERNANCE：治理的阐释[J]. 政治学研究，1997(01)：63-67.

38　梁纪毅. 新时代乡村治理：困境与破局[J]. 农业经济，2021(10)：43-45.

39　李正华. 新中国乡村治理的经验与启示[J]. 当代中国史研究，2011(01)：19-26+123-124.

40　熊兴等. 乡村振兴背景下乡村治理的困境及对策研究[J]. 重庆文理学院学报(社会科学版)，2022(02)：1-12.

出乡村治理是利用体制机制的力量，整合乡村社会资源，对公共事务实施有效地治理的具体实践，使多元主体协同提供公共服务，其归旨是实现乡村社会的稳定与发展。郭正林发现不同的乡村治理主体发挥着不同的作用，认为乡村治理是在相关机制下，运用一定方式促进乡村社会建设的进程，其主体是乡镇党委、政府机构、村级组织、民间团体组织等[41]。由此可见，对乡村治理的概念进行下定义是灵活的，但终究也绕不开治理过程中的运用方式、实现目的等方面的研究。

二是，**乡村治理主体研究**。乡村到底由谁治理？这不仅是权力部门思考的问题，也是广大学者想弄清楚的一个本源性问题。王辉依据基层行政单位由高到低的逻辑，将治理主体划分为县乡政府机构、村民委员会和广大村民三类[42]。任艳妮将多元行为主体划分为两类，一类是体制性治理主体，包括乡镇政府、村民委员会、村基层党组织等，另一类是非体制性治理主体，包括各种农民组织、农村非体制精英等[43]。李传忠的分类与前者有异曲同工之处，即按照不同主体的地位和功能将乡村治理主体划分为政府组织类与非政府组织类，强调不同主体之间可以开展协同治理[44]。叶娟丽等更多地考虑到

41　郭正林. 中国农村二元权力结构论[J]. 广西民族学院学报(哲学社会科学版)，2001(06)：53-61.

42　王辉. 论新时代乡村治理主体的角色定位[J]. 华北水利水电大学学报，2018(03)：55-59+89.

43　任艳妮. 多元化乡村治理主体的治理资源优化配置研究[J]. 西北农林科技大学学报，2012(02)：106-111.

44　李传忠. 关于完善乡村治理多元参与机制的思考——以协同治理理论为视角[J]. 闽南师范大学学报，2020(04)：35-40.

乡村治理的参与度、活跃度，认为基层干部、村干部、中坚农民以及乡村精英是乡村社会最主要的活跃力量，因而自然成为乡村治理主体力量[45]。可以看到，学者们也关注到了各类乡村治理主体发挥着各自不同的作用，而其发挥的作用带来了地位差异。

三是，乡村治理模式研究。当乡村治理研究发展到一定阶段，找寻共性、摸索规律、总结经验的"模式性"研究便随之出现。周水仙基于社会历史发展现实展开研究，提到我国废除人民公社体制后，采用了"乡政村治"的治理模式，在乡镇实行政府管理，在乡镇以下进行村民委员会自治[46]。而后，随着国家治理体系的不断完善，乡村治理模式不断走向现代化，乡政村治也逐渐向多元主体共治转变。与之相呼应，学者们或从理论角度出发或从实践层面论证，或将二者相结合，不断对多元治理模式进行解读和阐释，进而表达出对这一治理模式的肯定。首先，为什么要多元共治？抑或是多元共治的意义何在？蒋锐等通过对嵌入汲取型治理模式与服务整合型治理模式的比较分析，发现传统乡村的嵌入汲取型治理模式易出现"内卷化"与"碎片化"问题，现代社会的服务整合型治理模式更有助于提升治理效能，而当中的关键就在于如何巧妙融合国家力量与乡村力量，通过转换治理主体与逻辑的方式达到建设乡村、服务乡村的目的[47]。徐顽强、王文彬等认为多元主体治理模式是基于农村社会治理

---

45 叶娟丽，曾红. 中国乡村治理研究本土化概念建构的三个层次[J]. 理论与改革，2022(02).

46 周水仙. 多元治理：完善乡村治理机制的必然选择[J]. 江苏省社会主义学院学报，2007(01)：60-63.

47 蒋锐，刘鑫. 中国乡村治理模式的转型：从嵌入汲取型到整合服务型[J]. 当代世界社会主义问题，2021(02)：55-61.

需求变化的必然选择，势在必行，这不仅是基层民主的内在要求，也是社会公平正义必不可少的部分[48]。董帅兵则注重历史性的变化与梳理，在总结党领导的乡村治理百年发展历程后，认为新时期农村社会的发展呈现出新特征、新问题，必须以一核多元与多层共治并重的乡村治理方式应对，尤其强调自治、德治、法治综合作用的发挥[49]。综上，学者们基本达成一个共识，就是较之改革开放前，我国乡村社会生活发生了翻天覆地的变化，传统依靠政府单一主体的治理模式已无法适应治理要求和实践需要，多元共治在新的时代条件下具有现实的可行性和必然性。

四是，乡村治理的困境研究。 乡村由谁治理？谁会治理得更好？这也是萦绕在学者们的心头之问。基于乡村发展的现实叙事，我们发现乡村治理过程中乡镇政府、基层党组织、村民以及其他利益集团均作为多元主体中的一元参与其中，其各自发挥的作用无可替代，但治理环节中也或多或少存在一些局限性甚至进入迷途。基于本研究"多元共治"之主体，此处对乡村治理的困境相关综述也按照不同主体分类进行梳理。

乡镇政府层面。乡镇政府是管理和服务农村、农民的最直接的领导力量，其作用发挥的成效能够更为直观地显现，因而其治理职能、理念、能力、方式等方面也常常被学者们找出"问题"。张春

---

48 徐顽强，王文彬. 乡村振兴战略背景下农村空心化治理与社区建设融合研究[J]. 农林经济管理学报，2019(03)：416-423.

49 董帅兵. 中国共产党领导乡村治理的百年历程、基本经验与实践启示[J]. 西南民族大学学报，2022(03)：197-206.

照[50]、江国华[51]等基于乡村利益关系多元化、复杂化的社会背景，从乡镇政府的治理职能的转型切入，一致认为乡镇政府的治理理念并未真正实现现代化转变，以致管理和服务职能的定位愈加模糊、偏差，进而造成履职过程中存在虚化和悬浮的实践困境。袁忠等认为，治理主体的多元化导致了策略主义泛滥、行政化倾向严重等新的治理危机[52]。杜智民则看到了乡镇政府的难处，认为在乡村治理现代化实践中，基层政府参与治理的力量被弱化，没有财权，事权就失去了物质基础，使得乡镇政府无法自主制定有效的政策发展地方经济、文化和社会，事事得向县政府"咨询"以求支持，疲于处理日常事务，治理能力未能得到提高[53]。可以看到，学者们对乡镇政府的治理职能和水平是有一定心理期待的，但是实践结果却存在诸多不尽人如意之处。

基层党组织层面。新时代的乡村治理对基层党组织的自身建设、治理能力以及党员干部素质等方面提出了更新、更高、更全面的要求，其能否稳准接招直接关系到综合治理成效。林星[54]、谢元[55]等人

50　张春照. 乡村振兴背景下的服务型乡镇政府建设——基于国家治理体系现代化视角的研究[J]. 人民论坛·学术前沿，2019(02)：104-107.

51　江国华，罗栋梁. 乡镇政府治理职能完善与治理能力现代化转型[J]. 江西社会科学，2021(07)：203-210.

52　袁忠，刘雯雯. 我国乡村多元治理格局的困境及其破解——基于"三治合一"乡村治理体系的思考[J]. 广东行政学院学报，2019(06)：17-22.

53　杜智民. 乡村多元主体协同共治的路径构建[J]. 西北农林科技大学学报，2021(04)：63-70.

54　林星，王宏波. 乡村振兴背景下农村基层党组织的组织力：内涵、困境与出路[J]. 科学社会主义，2019(05)：115-120.

55　谢元. 新时代乡村治理视角下的农村基层组织功能提升[J]. 河海大学学报，

认为社会转型是一个需要过渡和调试的非短期过程，农村基层党组织似乎很难快速进入角色，而持续已久的覆盖力萎缩、主流价值观认同度低，以及迟滞性的应对和适应直接暴露出其存在着较为明显的功能发挥不够和不当壁垒。基层党组织凝聚力弱化、政策下达不到位、群众诉求回应不及时、乡村经济发展引领力不足与公信力危机等困境严重阻碍了乡村治理有效与乡村善治目标的实现。朱海嘉等聚焦基层党组织的组织力质量问题，认为突出表现为政治领导功能虚化、教育引导功能淡化、组织功能弱化，究其原因，要从紧抓政治意识、政治生活、党建工作，扎实推进管理和教育，完善各项体制机制等方面着手提升[56]。季乃礼等关注到农村生产要素呈现出单向流出的态势，认为受"流出性衰败"影响，村两委的组织建设与综合能力出现明显漏洞，尤其权力运行严重异化，受人情主导而忽视法律的作用[57]。陈立栋则从党支部自身建设方面找原因，认为目前乡村治理中的一个突出问题就是党支部成员参与积极性不高，带头作用未能有效发挥[58]。

村民层面。村民是乡村的主人，乡村治理过程中村民是参与者也是受益者，与之相关的研究基本围绕"自治权"的问题展开。张帆以《中华人民共和国村民委员会组织法》为依据，认为该法虽对村民

2018(03)：38-42+91-92.

56 朱海嘉，甘鸿. 新时代提升农村基层党组织组织力质量的实践路径探析[J]. 理论导刊，2022(02)：19-26.

57 许晓，季乃礼. 精准扶贫中村干部集体腐败的形成机理及治理路径[J]. 湖北民族大学学报，2020(02)：35-43.

58 陈立栋. 农村党支部在促进乡村治理中的功能研究[J]. 学校党建与思想教育，2020(12)：91-93.

自治作出了规定，但未对自治的实施范围给予明确规定，即便条文上强调全体村民全程参与自治，但关键领导权还是在乡镇政府；村民由于自身的分散性，虽能参加民主选举或是当选，但也难以投入到真正意义上的日常公共事务的管理，最终造成的局面就是村民自治异化为村委会干部自治[59]。同样的，贺雪峰[60]、姜晓萍[61]等均肯定法律制度赋予村民自治的政治权力，以及村民在治理中的主体性地位，但也指出村民自治实践过程中存在的一些制约因素和现实困境，主要表现在村民对治理角色的认知不清晰，在参与治理实践的村民能力不够、动力不足、路径不畅，自治的组织化程度不高，与村民自治相关的规章制度不够完善等问题。张雷等则主要阐述了当下乡村社会现代化转型中的一个突出困境——村民缺乏参与治理和利益表达的途径，即主体性缺失问题[62]。综合看来，学者们认为村民自治层面的制约因素表现在角色认知、制度保障、权力行使等方面。

五是，乡村治理优化对策研究。乡村如何治理？这是各界的一个终极一问，可以说众多学者的乡村治理研究之目的就是尝试提出乡村治理的优化路径。范拥军等认为破解乡村治理困境的出发点和落脚点都应聚焦于"人民"，务必树立与践行以人民为中心的治理理念，

59 张帆. 共同体重建：新世纪中国乡村自治政策的演进与升级[J]. 社会科学战线，2019(11)：234-243.

60 贺雪峰. 行政还是自治：村级治理向何处去[J]. 华中农业大学学报，2019(06)：1-5+159.

61 姜晓萍，许丹. 新时代乡村治理的维度透视与融合路径[J]. 四川大学学报，2019(04)：29-37.

62 张雷，唐京华. 乡村振兴战略背景下中国乡村治理的路径论析[J]. 农业经济，2020(07)：28-30.

健全民主协商、政务公开、诉求回应与多元考评等治理机制，全面提升乡村治理现代化的机制保障[63]。毛一敬[64]、孙玉娟[65]等主张构建乡村治理共同体，实现转型，通过多元主体共同参与乡村治理，实现乡村善治。一方面要求明确各主体的权力边界，另一方面要求充分保证基层党组织、乡镇政府、乡村社会组织以及村民等主体各司其职、各尽其责，其中尤其强调激活乡村社会的内生活力的重要性。邱玉婷[66]、辛璟怡[67]等尤其强调多元主体的权限范围与统一关系，认为共治的目的不仅仅是提倡多主体积极参与，更需要的是整合多方资源下不同主体间的互动、合作和相互制约。颜杨[68]、梅长青[69]等在分析各个主体间不同利益博弈的基础上，探索多元主体协同治理的创新性路径。他们主张以完善相关法律法规为前提，明确自治权的运用范围以及提高乡村社会组织的组织化程度，尤其强调乡村社会组织与群众等的合作联系，旨在激活多元主体协同治理乡村的内生动力。

63 范拥军, 郝庆禄. 构建乡村治理新格局[J]. 人民论坛, 2017(31)：98-99.

64 毛一敬. 构建乡村治理共同体：村级治理的优化路径[J]. 华中科技大学学报, 2021(04)：56-63.

65 孙玉娟, 孙浩然. 构建乡村治理共同体的时代契机、掣肘因素与行动逻辑[J]. 行政论坛, 2021(05)：37-43.

66 邱玉婷. 多中心治理视域下乡村治理结构重塑[J]. 人民论坛, 2015(20)：58-60.

67 辛璟怡, 于水. 主体多元、权力交织与乡村适应性治理[J]. 求实, 2020(02)：90-99+112.

68 颜杨, 刘永红. 乡村治理中多元主体的博弈关系与法治破解路径[J]. 领导科学, 2021(20)：103-105.

69 梅长青, 李达. 多元主体共治：新时代乡村治理创新的主要轨迹[J]. 云南行政学院学报, 2019(01)：172-176.

1.2.2.2 少数民族地区乡村治理研究

我国是一个幅员辽阔、统一的多民族国家，各地区自然资源禀赋差别、历史文化也有很大的差距，这就造就了不同民族地区经济社会发展的不平衡，表现在乡村治理方面的差异性也较为凸显。社会历史和现实均表明，国家治理的重点在乡村，难点在少数民族地区。研究少数民族地区乡村治理的相关问题，不仅有利于巩固党在民族地区乡村的执政基础、保障广大农民的自治权利，对铸牢少数民族群体的中华民族共同体意识，促进民族地区繁荣发展与和谐稳定具有重要意义。伴随着乡村治理研究的大潮，聚焦少数民族地区乡村治理的研究成果也不断增多，概括起来主要表现在以下几个方面。

少数民族地区乡村治理面临的特殊挑战。因民族、宗教、风俗习惯、历史以及地缘等特殊因素影响，少数民族地区乡村治理面临着更加严峻的挑战，这是广大学者的一个共识。正如王鹏所言，宗教极端思想的渗透和农村社会的分层，使农村社会治理难度不断加大，甚至农民的贫困以及不稳定因素的增加使民族地区乡村治理陷入了困境[70]。然而，抛开以上固有因素，在学者们看来，少数民族地区乡村治理面临特殊挑战，主要体现在两个方面：一方面是来自少数民族基层群众自身的因素，更多表现为思想观念上的问题。钟红艳等学者认为，少数民族地区长期受家族、宗教观念的束缚，而且少数民族地区基层群众的文化水平低、民主意识淡薄、缺乏参与乡村治理的积极性，导致基层群众有序参与乡村治理的过程不顺畅，

70　王鹏. 社会资本影响幸福感吗？——基于农村微观数据的经验分析[J]. 重庆工商大学学报，2016(04)：35-44.

严重影响了乡村治理的成效[71]。另一个方面就是来自基层组织管理层面上的不足。文新宇基于贵州少数民族地区农村情况，指出目前我国乡村治理中存在的法治化缺失、民族习惯法与国家法冲突等问题；[72]徐建指出，政府的角色定位出现偏差、村民参与乡村治理的渠道不畅、农民参与乡村治理的积极性不高等等是当前我国民族地区乡村治理面临的主要问题[73]。上述问题可以说是众多研究者的研究特色，也正是因为对这些挑战的分析，少数民族地区的乡村治理困境才得以更全面、透彻地分析和破解。

多元视角下的少数民族地区乡村治理研究。其一，民间信仰与民族地区乡村治理。民间信仰指那些在民间广泛存在的，属于非组织的，具有自发性的一种情感寄托、崇拜以及伴随着精神信仰而发生的行为和行动。在我国众多少数民族地区，民间信仰在传统农村社会占据着重要的地位，发挥着化解矛盾、止恶扬善、构建和谐社会等方面的积极作用，自然成为乡村治理的一种特殊手段。李何春[74]、何瑞娟[75]、舒丽丽[76]等人分别对那坡县黑衣壮聚居区、贵州响水乡白

71 钟红艳，莫德建. 提高少数民族地区基层群众有序参与乡村治理的参与度研究[J]. 兴义民族师范学院学报，2015(06)：17-21.

72 文新宇. 贵州少数民族地区乡村治理相关法律问题及其分析——基于国家法与民族习惯法的关系分析[C]. 中国法学会民族法学研究会. 民族法学评论(第八卷). 北京：中央民族大学出版社，2011：11.

73 徐建. 西部少数民族地区乡村治理问题研究[J]. 贵州民族研究，2015(03)：45-48.

74 李何春，包丽红. 论民间信仰在民族地区乡村治理中的功能——基于那坡县黑衣壮聚居区的田野调查[J]. 广西师范大学学报，2016(03)：32-38.

75 何瑞娟，祝国超. 民俗学视野下民间信仰的社会治理功能探析——对贵州响水乡白族本主崇拜的田野考察[J]. 重庆理工大学学报，2016(08)：72-77.

76 舒丽丽. 现代化进程中侗族地区乡村治理文化机制探究——以湖南通道侗族自治县

族地区、湖南省通道侗族自治县进行田野调查，将以民间信仰为代表的传统文化视作助力乡村治理与控制的强大"软实力"，肯定其对维护乡村团结稳定的重要控制和调节职能，具体包括维系社会秩序、整合社会冲突、净化社会风气、提高民族凝聚力、强化民族认同、降低乡村治理成本、提升乡村治理效能等作用。王四小认为，民间信仰群体具有特殊能量，是社会教化的重要环节。具有民间信仰人士参与社会管理，民间信仰教团组织独立处理公共事务，将民间信仰教义运用到乡村治理中，可以促进社会整合，进而实现乡村社会善治[77]。其二，习惯法与少数民族地区乡村治理。少数民族在长期的生产与生活中形成的少数民族习惯法是一种行为规范，可以通过少数民族习惯法来分配权利义务，并依靠内部权威人士和组织来保障习惯法的实施。它并非单个人的创造，是集体通过反复实践选择的结果，具有法律效力，但无条文规定。邹渊对习惯法和少数民族习惯法进行释义，认为后者的主要作用是调整少数民族内部的社会关系，具有强制性和习惯性特点[78]。卢明威则通过田野实践阐明习惯法在乡村治理中具有示范抚慰、潜在强制力等功能[79]。也有学者关注到少数民族习惯法与国家法之间的关系，主张进一步对二者进行调试，发挥二者相协调的一面。如李兴旺、王建国提出，应规范村规民约制定、修改的程序，政府应加大对村规民约的监管力度[80]。冉

为例[J]. 思想战线，2010(03)：143-144.

77 王四小. 论民间信仰的乡村治理功能[J]. 求索，2013(01)：234-236.

78 邹渊. 习惯法与少数民族习惯法[J]. 贵州民族研究，1997(04)：84-93.

79 卢明威. 民俗习惯在乡村治理中的秩序维护功能分析——基于广西南宁市金陵镇的调查[J]. 广西民族大学学报(哲学社会科学版)，2016(02)：31-37.

80 李兴旺，王建国. 政治与习俗：少数民族地区村规民约与村庄治理——基于云南红

瑞燕主张，为了解决当前民族地区乡村社会失控问题，少数民族习惯法要取其精华、去其糟粕，推陈出新、革故鼎新，尝试将国家法与少数民族习惯法融会贯通，促进良性互动，实现价值最大化[81]。也就是说，习惯法是一种重要的社会资本，为少数民族传统社会提供了内在牵引作用，可在当代乡村治理中整合利用并大有作为。其三，多学科视角下的少数民族地区乡村治理研究。乡土社会本身就是一个多元文化的集合体，对少数民族乡村治理的研究也是一个多文化、多学科的集会，学者们依据自身研究优势，试图从不同的专业领域对其功能、作用以及价值的发挥进行解读。如黄亦君从社会资本视角出发，提出要充分挖掘民族村寨传统治理资源，对其进行加工或创造性重构，积极培育现代社会资本，探索民族村寨发展道路，实现乡村善治；[82]李志农从公共文化空间的角度探讨云南迪庆藏族自治州德钦县奔子栏村何以优化乡村治理，提出应该充分发挥传统村落文化的功能[83]，问题、证据、逻辑是社会研究的三个关键要素和环节，按照这个逻辑，不同学科基于不同的问题意识，把社会问题转化成学术问题，不断拓展着民族地区乡村治理的研究视野和研究方法。

少数民族地区乡村治理的个案研究。纵观少数民族地区乡村治理

河若干少数民族村寨的调查[J]. 黔南民族师范学院学报，2014(03)：12-15+30.

81　冉瑞燕. 论民族习惯法对乡村社会的治理——以湘鄂西民族地区为例[J]. 民间法(第八卷)，2009(01)：132-138.

82　黄亦君. 社会资本与乡村治理：以新农村建设语境下的贵州民族村寨为例[J]. 鲁东大学学报，2015(02)：81-87.

83　李志农，乔文红. 传统村落公共文化空间与民族地区乡村治理——以云南迪庆藏族自治州德钦县奔子栏村"拉斯节"为例[J]. 学术探索，2011(04)：61-65.

研究成果，以田野调查为基础的个案研究不在少数，学者们试图通过特定的文化传统、地方性资源与知识阐释乡村治理的时代价值以及背后的行动逻辑。罗彩娟对马关县马洒村乡村治理的资源结构与整合逻辑进行分析探讨，认为应承认权威的多元化，寻找当地乡村治理的社会基础及其背后的逻辑，挖掘乡村传统治理资源，寻找乡村治理的共性，总结规律[84]。何慧丽、万威通过对台湾邵族的"祖灵祭"与大陆豫西汉族的"骂社火"的详细分析，提出要运用地方性知识和本土资源，积极激发乡村治理的内生活力，优化民族地区乡村治理[85]。虽然各少数民族地区实际状况皆有差别，但总能嗅出一定的共性和启发性，而这些广布我国东西南北的众多个案都成为其他地区乡村治理的重要借鉴和参考。

1.2.2.3 延边区乡村治理研究

延边朝鲜族自治州地处东北边疆民族地区，基于特殊的地缘政治因素，其乡村治理问题对维护国家安全和促进边疆社会发展意义重大。借助区位研究优势，延边大学相关学者近年围绕"乡村治理"展开了部分研究。朴美兰看到，随着国际政治环境的不断变化以及国内经济社会的快速变迁，边境民族地区不仅面临着因城镇化、市场化、少子老龄化而引发的共性问题，而且遭受着因地缘、政治等因素不断加剧的社会治理问题。地处东北边疆的延边地区边境线长、

---

84 罗彩娟. 民族地区乡村治理的资源结构与整合逻辑——以马关县马泗村为例[J]. 广西民族大学学报，2016(02)：25-30.

85 何慧丽，万威. 从"祖灵祭"到"骂社火"：现代化背景下乡村治理的内生力探讨[J]. 中共浙江省党校学报，2016(06)：22-28.

口岸多，农村特殊弱势群体公共服务需求多元化，需要各方共同协力促进社会治理创新，维护区域和谐稳定[86]。同时，她强调，东北朝鲜族聚居地区人口流失是造成边疆安全与社会治理风险与挑战的关键原因。延边朝鲜族自治州作为我国最大的朝鲜族聚居区，必须保持一定人口规模与高素质的人口质量，这不仅有利于促进区域社会经济快速发展，而且对维护边疆安全和和谐社会的构建意义重大[87]。同样地，李梅花强调人口流动(特别是赴韩务工)不仅深刻改变朝鲜族社会，而且给中朝边境农村基层社会治理及边境非传统安全带来巨大挑战。持续大规模的人口外流，造成延边朝鲜族村落空心化和人口老龄化、农业生产和经济活动的空心化、乡村基层干部队伍的高龄化、农村大龄男性婚姻挤压和留守家庭生活的掏空、乡村公共生活的式微，导致延边朝鲜族边境农村基层社会治理陷入无人支撑的困境。因此，当务之急是需要国家的高度重视和政府的全面介入，营造必要的政策环境，提升该社会的吸引力，从而扭转这一地区人口长期外流的局面，同时政策设计上要在留住现有边民方面下大功夫[88]。朴今海指出，随着全球化进程的加速，尤其是随着我国"一带一路"倡议的进一步推进，边境地区从昔日的"边陲末梢"发展为对外开放的前沿，也成为各种安全问题汇聚交织的复杂区域和敏感地带，经济、文化、社会等领域的非传统安全问题逐渐成为我国边

---

86 朴美兰. 延边社会变迁与社会治理创新研究[J]. 文化创新比较研究，2019(02)：35-36.

87 朴美兰，程昊. 东北朝鲜族聚居地区人口流失与社会治理——以延边朝鲜族自治州为例[J]. 东疆学刊，2023(01)：64-69+127-128.

88 李梅花，崔金南. 少数民族人口流动与边疆社会治理困境——以延边朝鲜族自治州为例[J]. 重庆三峡学院学报，2019(04)：40-48.

境治理中不可忽略的主要安全问题。作为与周边国家接壤的特殊空间，延边地区存在地缘政治安全、突发性公共安全、社会安全等问题，因此要加快边境地区的经济发展、大力强化边境农村基层组织建设、促进多元主体协同提升系统应对能力、整合社会资源充实边境人口、加强跨境公共安全治理国际合作[89]。赵刚则从民族政策和社会治理现代化关系着手分析，指出社会治理现代化是我国民族地区社会建设的目标，民族政策是实现民族地区社会治理现代化的重要措施。在社会治理视阈下，民族政策要在坚持公平正义和激发社会活力原则下进行创新，其路径是调整民族政策的价值取向、完善民族区域自治制度、发展少数民族文化和做好民族政策的科学评估[90]。他进一步指出，在当前，东北边疆朝鲜族聚居农村形成了社会管理新常态，在政府主导下，人口流动加快，社会保障更加有力，公平正义更为凸显。然而在治理的视阈下，延边朝鲜族聚居农村仍然存在着经济社会发展水平不高、受境外因素影响较多，以及社会治理主体不健全、不完善的问题。针对这些困境，提出集中解决公平正义问题、社会和谐问题、系统治理问题和多元主体治理和谐共生的问题的思路[91]。

此外，随着乡村振兴战略的实施推进，近年也零散出现了一些关于延边地区乡村治理的相近性研究成果，以硕博学位论文居多。如

89 朴今海, 孙云彤. 中朝边境民族地区跨境公共安全治理研究——以延边朝鲜族自治州中朝边境地带为例[J]. 东疆学刊, 2022(02)：26-33.

90 赵刚. 民族地区社会治理现代化与我国少数民族政策的调适[J]. 云南行政学院学报, 2015(02)：48-52.

91 赵刚. 东北边疆朝鲜族聚集农村社会治理的困境与对策——以延边朝鲜族自治州为例[J]. 贵州民族研究, 2016(01)：48-52.

《延边朝鲜族自治州乡村振兴与边境民族村寨建设研究》[92]《延边地区美丽乡村建设问题研究》[93]《延边地区乡村智慧治理路径研究》[94]《民族村落振兴中基层党组织的作用研究》[95]等。

1.2.3 研究述评

如前所述，无论是国外还是国内，乡村治理研究取得了丰硕的研究成果，对本文研究具有重要的启发和指导意义，奠定了一定的基础，但综观研究现状仍然存在一些不足，尤其是民族地区乡村治理研究仍是我国乡村治理研究的一个薄弱环节。

其一，目前学术界对少数民族地区社会治理理论与实践研究的论著几乎没有，大多数论著关注的是国家层面的创新社会治理。民族地区与非民族地区的乡村治理存有共性之处，但由于所处的地理位置、社会经济文化结构、民族风俗习惯、处理问题惯用的风格等的不同，所采用的乡村治理方式也有较多的不同之处，不能等而视之。然而，国内对少数民族地区乡村治理的研究总体上仍处于摸索阶段，现阶段研究创新性成果缺乏，而且部分研究只是套用普遍适用的乡村治理一般理论，部分研究以某一个少数民族地区为例，进行个案研究。由于没有对少数民族地区开展实地调查，治理理论缺乏针对性，也缺少针对民族地区乡村治理的宏观理论，因此对少数

---

92 刘烨曈. 延边朝鲜族自治州乡村振兴与边境民族村寨建设研究[D]. 延边大学，2022.

93 李永权. 延边地区美丽乡村建设问题研究[D]. 延边大学，2018.

94 黄金丽. 延边地区乡村智慧治理路径研究[D]. 延边大学，2021.

95 鲁美善. 民族村落振兴中基层党组织的作用研究[D]. 延边大学，2021.

民族地区乡村治理的指导作用并不突出。

其二，研究方法上有所欠缺，多种研究方法综合应运不够，基于民族学、人类学田野调查的实证研究成果少之又少。现有的研究成果基本上都是基于管理学、政治学的学科视野，学者们更注重的是对当代中国社会管理创新的成就及经验启示的总结，方法上存在经验研究和规范研究相脱节的现象，研究者缺乏乡村治理实践，研究人员缺乏同理心和共情感，在研究中提出的问题和困境，研究得出的结论容易出现主观偏差。而规范研究通常依据二手资料，理论抽象，难以保证材料的真实、结论客观。因此，应该综合利用研究方法，各学派相互学习。

其三，研究目的存在问题。当前乡村治理研究越来越趋向纯学术性研究，盲目追求观点创新，基于田野实践的对策性研究、实用性研究成果相对薄弱。而且大多数研究都是侧重于推论导致问题的原因，缺乏解决问题的思路和方法。

鉴于以上问题与不足，本文将以马克思主义的立场、方法、观点作为基础，立足民族地区实际情况，以延边朝鲜族自治州朝鲜族村落——明东村为田野点，运用民族学的参与观察与非结构访谈方法，聚焦边疆民族地区乡村治理的多元主体，不断加强民族地区乡村治理理论的研究创新，切实解决当前出现的新问题、新情况，不断丰富民族地区治理理论体系，促进民族地区乡村的稳定与发展。

1.3 理论基础

1.3.1 相关概念界定

1.3.1.1 治理

"治理"(Governance)，可以追溯到古典拉丁语和古希腊语的"操舵"一词，意为操纵、控制和引导，长期以来与"统治"(Government)一词交叉使用。起初治理概念作为现代政治学科的一个范畴来使用，通常指在政治系统的特定范围内行使权威，对政务或公共事务做出有效的安排，以达到维护政治秩序和正义价值的目的[96]。自1989年世界银行在《撒哈拉以南非洲：从危机到可持续增长》报告中首次提出"治理危机"(crisis in governance)一词来描绘非洲国家面临的问题以后，"治理"一词便广泛地运用于全球范围内的政治学、管理学和社会学等领域，许多学者对此概念给出了定义，其中于1995年全球治理委员会发表的《我们的全球伙伴关系》中提出的界定最具权威性和代表性，如下，治理是各种公共部分或个人和私人机构管理其共同事务的诸多方式的总和。治理是各种相互冲突关系或者相反的利益的协调并且多元治理主体采取合作共同行动的过程。治理既包括权力性的正式制度和规则，也包括人们赞同或认可的各种非正式的制度安排。它有四个特征：治理是一个过程，不是一整套规则，也不是一种活动；治理过程的基础是协调，而不是控

---

96 孔繁武. 治理对话统治——一个政治发展范式的阐释[J]. 南京社会科学，2005(11)：62-67.

制；治理既涉及公共部门，也涉及私人部门；治理是持续的互动过程，不是一种正式的制度[97]。

治理理论于20世纪90年代传入中国以后，受到国内相关领域学者的高度关注与重视，国内学者也从不同角度对"治理"下了定义。我国研究治理的专家俞可平从公民社会的视角进行了阐释，认为治理是官方或民间的各种公共管理组织在"一个既定的范围内运用公共权威维持秩序，满足公众的需要。治理的目的是在各种不同的制度关系中运用权力去引导、控制和规范公民的各种活动，以最大限度地增进公共利益。"[98] 陈振明则解释为，"治理就是对合作网络的管理，又可称为网络管理或网络治理，指的是为了实现与增进公共利益，政府部门和非政府部门(私营部门、第三部门或公民个人)等众多公共行动主体彼此合作，在相互依存的环境中分享公共权力共同管理公共事务的过程。"[99] 尽管国内学者对于"治理"这一概念的界定尚未形成一个公认的基本概念，对"治理"概念的指向也有所不同，但治理的含义已发生了革命性的变化，其内容也超越了传统的涵盖范围，成为现代化进程中探讨国家、社会和市场之间的互动关系及我国政治体制改革和现实社会生态的重要理论工具，以至于在中国共产党十八届三中全会审议通过的《中共中央关于全面深化改革若干重大问题的决定》中，首次把"推进国家治理体系和治理能力现代化"作为全面深化改革的总目标来提出，"治理"被提到国家现代化建设的

---

97 俞可平. 治理和善治引论[J]. 马克思主义与现实, 1999(05)：37-41.

98 俞可平. 治理与善治[C]. 北京：社会科学文献出版社, 2000：05.

99 陈振明. 公共管理学——一种不同于传统行政学的研究途径[M]. 北京：中国人民大学出版社, 2003：87.

高度。

在当代治理话语体系结构中，"治理"和"统治"两个概念在理论内涵和行为逻辑等方面是有区别的，正如全球治理理论的权威学者詹姆斯·罗西瑙(James N. Rosenau)指出："治理"与"政府统治"并非同义词，尽管两者都涉及目的性行为、目标导向的活动和规则体系的含义，但是政府统治意味着由正式权力和警察力量支持的活动，以保证政府制定的政策能够得到执行。而治理则是由共同的目标所支持的，这个目标未必出自合法的以及正式规定的职责，而且它也不一定需要依靠强制力量克服挑战而使别人服从[100]。并认为治理有三个领域和组成部分，分别是国家(包括政治和政府机构)、私人部门和公民社会[101]。

目前，虽然国内外学者对治理一词的定义各有不同，但对其蕴含的核心内容的探讨基本上一致观点。一是治理主体的多元化，多数学者主张治理主体主要包括国家公权力机关、企业、市场、社会组织、公民个体等主体；二是治理对象的多元化，则涵盖了政治、经济、社会文化等多个领域，涉及国际、国内的从中央到基层的多个层级的公共事务，为其提供公共服务和公共产品；三是治理的方式趋向于多元治理主体的协商合作共治，以期建立双向平衡互通运行的机制。总而言之，治理就是政府、市场、社会组织和公民个体等多元主体广泛参与，通过合作协商、确立认同和共同的目标等方式

---

100 [美]詹姆斯·罗西瑙. 没有政府的治理[M]. 张胜军，刘小林等译. 南昌：江西人民出版社，2001：4-5.

101 [美]詹姆斯·罗西瑙. 没有政府的治理[M]. 张胜军，刘小林等译. 南昌：江西人民出版社，2001：289.

管理公共事务，以实现社会资源的优化配置及公共服务与社会治理的创新。

1.3.1.2 乡村治理

乡村治理与治理理论的流行密切相关，是治理理论在乡村社会公共事务管理中的广泛应用。20世纪末，随着西方治理理论的广泛传播与流行，以华中师范大学徐勇教授领衔的中国农村问题研究中心，结合中国农村实际情况，把"治理"一词引入乡村社会研究中，提出了更具有指向性和包容性的概念——"乡村治理"来解释和分析乡村社会，由此乡村问题研究的主流范式成为以"乡村治理"为关键词的乡村社会研究。学者们从各自的学科背景和学术视野关注乡村治理，并对乡村治理给予定义。贺雪峰认为"乡村治理是指如何对中国进行管理或中国乡村如何可以自主管理，从而实现乡村社会的有序发展。"[102]俞可平也对乡村治理做出了解释，认为"农村治理就是农村公共权威管理农村社区，增进社区公共利益的过程。"他认为这里的公共权威既可以是正式的，也可以是非正式的，或是介于两者中间的两者的合作。郭正林则从治理主体及特征方面对其内涵作出更为详细的定义，认为"乡村治理，就是性质不同的各种组织，包括乡镇的党委政府、七站八所、扶贫队、工青妇等政府及其附属机构，村里的党支部、村委会、团支部、妇女会、各种协会等村级组织，民间的红白喜事会、慈善救济会、宗亲会等民间群体及组织，通过

---

102 贺雪峰. 乡村治理研究与村庄治理研究[J]. 地方财政研究，2007(03)：46.

一定的制度机制共同把乡下的公共事务管理好"[103]。从以上定义中可见，乡村社会公共事务管理并非国家和政府的"独角戏"，而是政府公权力机构、民间组织及私人机构等各种性质的组织的多元主体协同共治，从某种意义上讲，形成乡村多元主体协同共治的局面，进而充分动员社会各界力量与否左右着乡村治理的成败。乡村治理理论给乡村的公共事务管理理论注入了新的血液，它倡导乡村治理的主体多元化、治理权力多元化、治理目标公共化以及治理过程自主化，并更多地倾向于自治型的乡村治理模式[104]。

本书研究的乡村治理是乡镇基层政府、村民委员会、社会组织、乡村精英、村民等多元主体共同参与的一个上下双向互动的管理过程。主要通过协商合作、互惠互利的行为方式，遵循相应乡村治理规则，回应乡村现实具体问题，实现乡村公共利益为目标，以提供乡村公共产品和公共服务，对乡村社会进行组织、管理和整合的过程，旨在加快发展农村公共事业，促进农村社会全面进步，构建乡村和谐发展新秩序。

1.3.1.3 多元共治

随着全球社会经济结构的变化及社会治理格局的转变，传统的政府职能和治理行为也从统治型、管理型向治理型转变。奥斯特罗姆夫妇(Vincent Ostrom and Elinor Ostrom)基于深刻的理论分析和

---

103 郭正林. 乡村治理及其制度绩效评估：学理性案例分析[J]. 华中师范大学学报，2004(04)：24-31.

104 苏敬媛. 从治理到乡村治理：乡村治理理论的提出、内涵及模式[J]. 经济与社会发展，2010(09)：73-76.

丰富的实证分析，发展和完善多中心治理理论，强调治理的主体不是一元的，而是多元的，各主体通过沟通、合作、协商等方式，在一定范围内共同承担公共事务治理的职责。政府、市场、社会等共同参与的"多元共治"模式的构建是多中心治理理论的实质。

多中心理论与当代中国语境下社会治理多元共治不仅具有较高的契合性，而且具有积极的借鉴意义。中国共产党十九大报告中指出要加强和创新社会治理方式，打造共建共治共享的社会治理格局。这意味着治理主体从单一转向多元，社会组织、企事业单位等更多的主体进入治理体系中。中共中央、国务院《关于加强基层治理体系和治理能力现代化建设的意见》中指出，统筹推进乡镇(街道)和城乡社区治理，是实现国家治理体系和治理能力现代化的基础工程。加强社会治理制度建设，就离不开多元主体的积极参与，需完善党委领导、政府负责、社会协同、公众参与、法治保障的社会治理体制。参与社会治理的多元主体表现出自愿参与、互惠互利、资源共享、共同努力等特征。多元主体在基层治理中的积极嵌入不仅为基层治理创新了路径，而且为其发展提供了深厚的基础和支撑。

本书认为，多元共治理念是指乡镇基层政府、村民委员会、社会组织、乡村精英以及村民等多元化的治理主体参与，形成以"多元主体、多元平台、多元服务"为基本架构的多元共治治理体系，通过平等的合作、对话、协商、沟通等方式，共同参与乡村社会治理，依法引导和规范乡村政治、经济和社会文化等乡村各方面事务，最终实现乡村社会公共利益最大化的过程。多元共治是社会治理的应有之义，是构建共建共治共享社会治理格局的前提和基础。

1.3.2 西方社会治理理论

20世纪中叶以后，随着西方市民社会和社会经济的发展，公共事务管理领域的挑战与矛盾愈发凸显，以国家或政府为中心的单一的自上而下的传统管理模式已经很难适应西方国家经济、社会的多样化的发展需求。为了有效摆脱国家社会治理面临的困境，西方国家开始寻求新的公共事务管理模式，逐渐产生了多中心治理理论、协同治理理论、善治理论等，形成了相对成熟的社会治理理论。

1.3.2.1 多中心治理理论

"多中心治理"理论最早可以溯源至西方学界20世纪50年代的政府间合作研究。为了阐明社会管理可能性的限度以及证明自发秩序的合理性，英国的迈克尔·博兰尼(Michael Polanyi)首次在其《自由的逻辑》一书中引入"多中心"(Polycentrity)一词，成为后人瞩目的热门词汇。随后，奥斯特罗姆夫妇为代表的研究者在对发展中国家农村社区公共池塘资源的研究中共同创立了"多中心治理"理论，并详细阐述了理论内容。

公共事务治理的传统观点一般有市场派和政府派两类。市场派是以公共选择理论作为理论基础，基于"理性经济人"假设，人们会通过市场自动达到公共事务治理的帕累托最优。政府派是以凯恩斯主义为代表，政府派强调在公共事务治理过程中政府应实现从"划桨"到"掌舵"的转变，一只"看得见的手"以"强政府"的身份进入公共事务治理的诸多领域中，解决"强社会、弱政府"的治理模式所带来的"市场失灵"困境。由于市场和政府在公共事务的治理过程中都会出现失灵，通过长期的实证调研研究奥斯特罗姆夫妇得出，在社会公共事务治理中除了组织秩序和市场秩序、权力机制和价格机制外，还存在第三种秩序和机制即"多中心"。因此，在公共事务的治理中摆脱单纯依靠市场或政府的治理模式，应该建立起以政府、市场、社会等"多中心"的治理模式，有效地克服市场和政府失灵或不足。与传统的单中心治理结构相比，"多中心治理结构为公民提供机会组建许多个治理当局"[105]。多中心治理理论的核心内容是，主张加强政府、市场、社会等多元主体的协同共治，应设置分级别、分层次、分阶段的多样性制度。该理论的价值在于"通过社群组织自发秩序形成的多中心自主治理结构、以多中心为基础的新的'多层级政府安排'具有权力分散和交叠管辖的特征，多中心公共论坛以及多样化的制度与公共政策安排，可以在最大限度上遏制集体行动中的机会主义，实现公共利益的持续发展"[106]。

理清"治理"和"多中心"的含义是理解多中心治理理论内涵的关键。对于多中心治理的解释，学界说法不一，但是有一些大家较为公认的基本要素有：一是治理主体的多元化。它不仅包括权威性的政府部门，还包括社会组织、商业组织、利益团体甚至个人等多元主体，多中心治理的主体并不完全为政府垄断；二是治理手段的多样性。主体的多元化决定了治理手段除了传统的官僚制手段外，还可以采用新的综合管理方法。治理中权力的运行上多个权力中心和组织基于一定的集体行动规则，通过相互博弈、相互协商，共同参

---

105 埃莉诺·奥斯特罗姆. 制度激励与可持续发展[M], 上海：上海三联书店，2000：204.

106 李平原，刘海潮. 探析奥斯特罗姆的多中心治理理论——从政府、市场、社会多元共治的视角[J]. 甘肃理论学刊，2014(03)：127-130.

与、互动合作，而并非传统的自上而下的单向度统治；三是强调自治组织的发展及公共事务治理的社会组织网络化。多中心治理理论反对公共权力的集中和垄断，强调多个主体在公共事务中的参与，它以合作治理为实践形式，整合政府、社会、公民个人等多种主体和力量，协商合作，灵活地应对公共服务的多元需求，以弥补政府自上而下统治的不足，是服务型社会治理模式的理想治理结构[107]。

多中心治理理论既提供了多元主体的理论前提，也预设了亟待解决的问题，表露出一定的局限性，即这些参与治理的主体是采取什么样的方式消解冲突、集体行动的。另外，多元主体之间的关系不易把握，多中心治理容易陷入"无中心"的倾向。

1.3.2.2 协同治理理论

"协同治理"(collaborative governance) 是自然科学中的协同论和社会科学中的治理理论的有机结合与相互借鉴。1971年，联邦德国物理学家赫尔曼·哈肯(Hermann Haken)创立了一门新兴的系统学科——协同学(Synergetics)，指出协同是系统内部各要素或子系统之间相互配合和相互作用，在时间、空间和功能上形成一定的自组织结构，从无序走向有序或由低级有序转化为高级有序的过程[108]。协同学的相关理论和分析方法为协同治理理论的发展提供了知识基础和方法论启示。20世纪90年代至 21世纪初，协同治理理论在西方

---

107 刘湘顺，李雅莉. 西方治理理论对我国社会治理建设的若干启示[J]. 湖南社会主义学院学报，2017(03)：65-68.

108 Haken H. Synergetics of brain function [J] . International Journal of Psychophysiology, 2006(02).

公共行政学领域得到了进一步发展，逐渐成为西方社会治理的新范式。2004年，美国学者约翰·多纳休(John Donahoe)在其著作《关于协同治理》(On Collaborative Governance)中，首先正式使用了"协同治理"这一概念[109]，此后协同治理理论内涵逐渐发展成型。

作为一种新兴的交叉理论，协同理论对于社会系统各方协同发展有着较强的解释力。所谓协同治理是指多元主体间通过协调合作产生合理有序的治理结构，形成相互依存、共同行动、共担风险的局面，以促进公共利益最大化的实现。协同治理包含合作治理之义，但并非只是治理与协同两个理论概念的简单拼凑，它是在治理理论的基础上强调多方主体治理的协同性。协同治理理论具有主体多元、协同、有序、动态等特征，如下几点对社会治理有重要的借鉴意义。

首先，协同治理理论的主体研究。主体的多元化既是协同治理理论的显著特征，也是协同治理理论的前提。在社会公共事务治理过程中，主体的多元化意味着并非只有国家或政府组织一个主体，而是存在着多个治理主体，包括各级政府机构、市场、社会组织、社会团体、公民个人等。协同治理理论研究的关键是以多样化的形式存在的参与主体，这些多元主体作用于协同过程的每个阶段、贯穿于治理过程的始终。而在治理过程中，不同的主体之间既有竞争性，也有合作性。也就是说，不同主体因为利益诉求和价值判断存在差异性，治理主体之间不可避免地存在着一定的竞争状态。但在实际的治理过程中，又因为各主体占有社会资源和信息的差异化，

---

109 John Donahue. On Collaborative Governance[M]. Cambridge：Harvard University. 2004：4.

为了实现利益最大化，不同主体之间也需要进行各种资源和信息交换，因此，竞争与合作成为协同治理过程中相互依存，又不可分割的关系。协同治理中治理主体的多元化，要求政府应该从"国家或政府中心论"的思维困局中走出来，把优化社会治理资源、创新社会管理体制、创造社会良性资本、发展基层民主政治等，使得在某些特定范围内政府以外的其他治理主体可以发挥补充甚至超过政府功能的治理作用，并成社会公共治理的主体。

其次，规则制定的同一性特征。协同治理是一种多元主体的集体行为，是各治理主体共同制定制度规则的过程。由于各治理主体定位与身份差异化，掌握不同的社会资源和信息，加之其格局变化多样，在国家与社会公共事务管理的具体领域中，随之呈现出治理目标和举措的多样性。因此，协同治理就是多元治理主体为了实现共同目标，通过协同合作方式，努力健全并完善各参与主体共同履行的规则，保障各参与主体共生共赢。在此前提下，不同的治理主体各司其职、各尽其责，实现自身利益和社会公共利益最大化。

再次，协同治理的善治特征。在社会公共事务治理过程中，由于现代社会转型加快，社会结构日益复杂，社会管理面临着新的挑战，加之各治理主体掌握的社会资源、技术、信息等具有差异性，为确保治理目标的顺利实现，各治理主体的技术、信息和资源的互换成为常态。因此，这里所说的协同性常常表现为主体间或主体内部的信息、技术和社会资源的互换与共享，达成目标和解决方案的协作，项目实施过程中的分工合作。所以说，协同治理就是通过社会系统间的协商对话、合作交流等促进整个系统的良好发展[110]。协同

---

110 翟理想. 协同治理理论视阈下松江区职业教育集团化办学的路径优化研究[D]. 华东

治理理论认为善治就是国家与社会良性互动、协同治理的过程与结果。因此，协同治理理论的主要政策建议是，加强公共选择和公共博弈，建立集体决策和共同参与的制度平台，实现权力协同，责任共担，利益分享。

1.3.2.3 善治理论

善治(Good Governance)即良好的治理。20世纪90年代以来，在英语和法语的政治学文献中，善治概念的使用率直线上升，成为出现频率最高的术语之一。概括地说，善治就是使公共利益最大化的社会管理过程，其本质特征为政府与公民对公共事务的合作管理，是政府与市场、社会的一种新颖关系[111]。善治概念的出现，有其产生的特定社会背景：一是政府治理危机的出现。掌握公共权力的政府在管理的过程中，由于政府贪腐、效率低下以及政府行为自身的局限性等问题的存在，使人们不得不正视这样一个现实：政府的能力是有限的，与市场失灵一样，在社会生活的管制中同样也存在"政府失灵"现象。特别是随着全球化进程的加快，出现了传统社会不曾面对的诸多新问题，而面对这些新问题政府所采取的公共政策又很难奏效，人们对政府的能力持有怀疑的态度。此外，民族国家在对外交往过程中的讨价还价往往会造成政策成本的高涨，甚至不利于及时消解问题，即使有多个民族国家结成的联盟，由于激烈的政治冲突的客观存在以及财政预算的压力，因而它提供的平台常常无法

政法大学，2017.

111 俞可平. 治理与善治[C]. 北京：社会科学文献出版社，2000：5.

真正化解全球化发展所带来的各种问题。因此，客观上需要借助一种超越政府的力量来对社会生活进行共同治理。二是公民社会的兴起。公民社会是介于国家与市场之间的社会形态，与国家相对应。公民社会包括各种志愿者组织、非营利性组织、社会和政治运动、其他形式的社会参与以及与之相联系的价值和文化模式。自20世纪70年代以来，伴随着反核运动、环保运动等"新社会运动"的兴起，一个以自主性为主要特征的公民领域正在兴起。

关于善治的基本要素，俞可平概括为如下几个方面。

表1-2 善治的基本要素

基本要素	内容
合法性 （legitimacy）	是社会秩序和权威被自觉认可和服从的性质和状态。只有当政府统治的合法性得到肯定时，其统治才更有效力，更能保持政局的稳定和良好的社会秩序。相反，如果政府统治的合法性受到怀疑，甚至否定，政府的动员和贯彻能力就会被大大削弱，最终导致政治动荡。合法性越大，善治的程度便越高。
透明性 （transparency）	是政治信息的公开性。每一个公民都有权获得与自己的利益相关的政府政策的信息，以便公民能够有效地参与公共决策过程，并且对公共管理过程实施有效的监督。透明度愈高，善治的程度也愈高。透明性是社会公共产品供给水平的最优和社会妒忌程度下降的前提。
责任性 （accountability）	是在公共管理中，与某一特定职位或机构相连的职责及相应的义务。不论是政府机构，还是私人部门和公民社会组织，都必须对公众以及利害关系人负责。换言之，一个组织或者机构必须对将会受其决策或行动影响的群体负责。同时，如果缺乏透明性和法治的保证，责任也不得强加于任何组织或个人。
法治 （rule of law）	法治的基本含义是，法律是公共政治管理的最高准则，任何政府官员和公民都必须依法行事，在法律面前人人平等。法治与人治相对立，它既规范公民的行为，但更制约政府的行为。法治是善治的基本要求，没有法治，就没有善治。

基本要素	内　容
回应 (responsiveness)	是公共管理人员和管理机构必须对公民的要求做出及时和负责的反应，不得无故拖延没有下文。必要时还应当定期地、主动地向公民征询意见、解释政策和回答问题，对公众的合理需求予以满足。
有效 (effectiveness)	指公共管理的效率。它有两方面的基本意义：一是管理机构设置合理，管理程序科学，管理活动灵活；二是最大限度地降低管理成本。善治程度越高，管理的有效性也就越高。

资料来源：俞可平.治理与善治[C].北京：社会科学文献出版社，2000：9-11.

　　善治就是一个简政放权、还政于民的过程，实际上就是国家的权力向社会的回归，旨在企图国家与社会或者说政府与公民之间良好合作。善治有赖于公民自愿的合作和对权威的自觉认同，善治固然离不开政府，但更离不开社会与公民。没有公民的积极参与和合作，至多只有善政，而不会有善治。所以，善治的基础与其说是在政府或国家，还不如说是公民或民间社会。从这个意义上说，公民社会是善治的现实基础，没有一个健全和发达的公民社会，就不可能有真正的善治[112]。虽然善治理论基本概念、本质特征等还十分模糊，理论还很不成熟，学界仍在争论不休，但构成善治理论的基本要素，如合法性、透明性、责任性、法治、回应、有效等以及其所强调的公民社会理论对于当前我国乡村治理却有着积极的启示作用和借鉴意义。

112　俞可平. 治理与善治[C]. 北京：社会科学文献出版社，2000：11.

1.3.3 西方现代治理理论的借鉴

早在20世纪70-80年代，西方国家与思想界就举行了一场激烈的"重塑政府"以及"公共部门再造"等新公共管理运动。西方公共管理界率先提出的治理理念和善治理念就是这场新公共管理运动的基础理论。

在罗茨(R-Rhodes)看来，"治理说明统治的内涵有所改变，象征着新统治过程，说明有序统治的要求和以往有别，可能会创新现有的社会统治方式"[113]。善治是政府与公民共同治理公共事务的一个过程，说明政府的治理职能和公民的自治职能能够友好互动、科学衔接，使两者达到最佳状态，是促进实现公共利益最大化的一种社会管理过程，是治理实现的终极目标。治理与善治的诞生，意味着人类政治生活将迎来显著的变化，也就是由统治往治理方向发展，由善政往善治方向发展，由治理一元向多元共治的方向转变。其中，以奥斯特罗姆教授夫妇为代表的印第安纳学派提出的"多中心治理理论"，尤为强调治理主体的多元，在其经典著作《公共事务的治理之道：集体行动制度的演进》中，提出了公共池塘资源的新的治理之道，即在市场和国家之外的第三只手——自筹资金的合约实施博弈，也就是占用公共池塘资源的人们共同的自主治理的方法[114]。"多中心治理"对于构建我国政府、市场、社会、个人多方共同参与的"多元共治"的乡村治理模式具有重要的指导意义，引申到当前乡村治理体系和治理能力现代化也同样具有十分重要的启示意义。

---

113 罗伯特·罗茨. 新的治理[M]. 北京：社会科学文出版社，2000：87.

114 Elinor Ostrom. Governing the Commons : The Evolution of Institutions for Collective Action[M]. Cambridge, Cambridge University Press, 1990.

协同治理理论、善治理论也契合我国乡村社会治理发展的需要，成为乡村社会治理未来的发展方向，其借鉴意义主要表现在如下几个方面：一是协同治理、善治理论能够使得党和政府在制定乡村政策时，通过各种制度和机制，把握乡村实际，了解农民需要，使任何重大决策都建立在民主化、科学化的基础上。二是能够调动政府中心以外的乡村各类治理主体的积极性、主动性和创造性，使其主动参与乡村治理，形成多元化的乡村公共事务管理制度或组织模式，实现乡村公共利益最大化。在推动村民"自我管理、自我教育、自我监督"的乡村治理实践中，应切实加强议事协商，拓宽协同范围以及途径，丰富协同形式和内容，保障村民依法行使自己的民主权利。三是在多元主体协同问题上，能够跳出"国家或政府中心论"的窠臼，在强调政府在公共事务管理中的引导作用的同时，最大可能地借鉴简政放权、还政于民，强调公民社会的思想，调动社会资源，努力拓宽社会参与渠道，形成全民动员、集体参与、共建共治共享的协同局面，实现治理主体多元化、治理手段现代化、治理过程民主化。针对我国目前公共事务管理中多主体协作不足的现状，应从法律制度环境、组织体系优化、权责规范、资源保障以及信息技术保障等方面，构建社会治理多主体协同的制度保障体系。

尽管西方现代治理理论对我国社会治理具有重要的借鉴意义，但无论是社会制度还是社会基础，两者在本质上有很多差别，中国的国家治理或社会治理有着明显的中国特质。尤其是在民族地区，因为各民族之间在社会经济文化发展方面长期存在着比较大的差异与差距，若简单套用，必有水土不服。应当充分借鉴和吸收西方现代治理理论的精华部分，努力实现国外经验和理论的本土化，探索和总结符合我国国情的中国特色治理理论。当代中国的国家治理理论是在马克思主义国家理论的基础上，结合中国具体实际形成的具有中国特色的国家治理理论。中国共产党历来重视对传统文化的批判继承，我国市场经济和乡村社会飞速发展过程中，使乡村治理必须由传统的政府一元治理格局转变为由基层政府、农村自治组织和村民的多元协同治理，打造一种由基层政府、村民自治组织、民间组织和村民等多元共同治理的体制，破解单一主体治理造成的治理困境，使乡村治理的总体水平和效能得以显著提升。尤其是改革开放以来在我国乡村自治的探索上，已经取得了一定的成绩[115]。进入新时代，国家治理体系与治理能力现代化作为新的论题被提出，在国家治理框架下，多元治理主体共同推动乡村治理现代化成为研究乡村治理的重点，也是符合时代发展方向的实践课题。所以，对于国外的现代基层治理理论可以辩证的吸收和借鉴，同时也必须坚持发展中国特色的乡村治理体系，保持我国乡村治理体系的特点。

1.4 研究方法

1.4.1 文献研究法

围绕本书的选题，一是通过图书馆和知网等平台，广泛搜集和整理国内外相关文献资料，扎实做好文献综述，学习梳理国内外所取

---

115 王微. 新时代乡村治理体系构建研究[D]. 东北师范大学，2020.

得的研究成果和未来研究方向和趋势，为田野调查和论文撰写做好前期准备工作；二是通过延边各县市档案馆、文史办、统计局等部门，搜集延边朝鲜族自治州边疆乡村民族志、地方志等历史资料，以史为借鉴，总结归类影响边疆民族乡村政治、经济、社会文化等相关方面的历史事件及乡村治理情况；三是搜集国家关于乡村治理、乡村振兴等相关方面的政策文件以及各级地方政府机关出台的相应政策法规、领导讲话、工作文件等，为本研究提供必要的政策依据与佐证。

1.4.2 田野调查法

田野调查是民族学研究安身立命之根本。本研究锁定的田野点是吉林省延边朝鲜族自治州龙井市智新镇明东村。早在2020年6月，笔者跟随导师的科研团队第一次到该村进行了一个星期的调研。根据本研究的田野工作需要，笔者又于2021年1月中旬至2月末、2021年3月中旬至4月初、2021年6月末至7月末三次进驻明东村，与当地村民同吃同住同劳动(具体在村部帮文书之职)。之后根据当地疫情防控情况，不间断地到明东村及该村所属智新镇政府进行田野，通过查阅地方文件资料、参加明东村村部活动、参与村民日常活动等方式深入调研，一方面搜集明东村各种规章制度、工作文件、报表、台账等，另一方面对乡镇干部、村两委干部、老年协会、合作社、一般村民、低保户等进行非结构访谈，从中获取了大量一手素材。经统计，笔者一共对8名村干部、10名镇政府工作人员和26名村民进行了深入调研和入户访谈(被访者具体信息见附录二)。

1.4.3 跨学科研究方法

跨学科研究方法亦称"多学科研究方法"。民族地区乡村治理研究涉及政治学、管理学、社会学、民族学等诸多学科知识。在本书的论述中，本着以民族学学科视角和研究方法为主，借鉴政治学、管理学等其他学科的理论知识和研究方法，对民族地区乡村治理进行全面、综合性的研究。

第二章

新时代"一核多元"乡村治理的明东实践

明东村是吉林省延边朝鲜族自治州龙井市智新镇下辖的一个行政村。龙井市位于吉林省东南部，长白山东麓，与朝鲜咸镜北道会宁市、稳城郡隔图们江相望，是图们江金三角和东北亚的核心区域。明东村位于龙井市东南部，距镇政府所在地14.5公里，距延吉市区25公里，位于群山环绕的盆地之中，村落依河而建，地势较为平坦，周围景色优美。

明东村幅员面积88平方公里，耕地面积726公顷(均为旱田)，林地面积2708公顷，下辖7个村民小组、13个自然屯；户籍人口424户1034人，其中朝鲜族362户883人，占比85.4%，常住人口122户198人(本村102户165人，外来20户33人)，脱贫人口41户64人；主要农作物为玉米和大豆，经济作物有芍药基地约50公顷，温室大棚7栋3690平方米，木耳食用菌18万袋，畜牧业为牛815头，猪255头，山羊934只，肉鸡689羽，蜂蜜箱100箱。

明东村是中国境内朝鲜族居住最集中、朝鲜族原生态文化和民俗文化保存最完整的地区，是中国朝鲜族教育的发祥地，素有中国朝鲜族教育第一村，思源圣地之称，拥有丰富的红色旅游和朝鲜族历史文化民俗旅游资源，是一个有着百年历史的朝鲜族民俗村落，具有深厚的朝鲜族民俗文化底蕴和内涵，具有完整的历史文化、人文景观和物质与非物质文化遗产。村内现存县(市)级文物保护单位3个，已公布登记不可移动文物6个、已公布历史建筑26个，省级非物质文化遗产2个。美奂绝伦的民族歌舞、浓郁淳朴的民风民俗、独树一帜的饮食文化，别具特色的农家旅游构成了村内多姿多彩民族风情，赏心悦目的民俗文化。近年来，先后荣获"中国少数民族特色村寨""全国乡村旅游重点村""中国美丽休闲乡村""中国传统村落""吉林省先进基层党组织""吉林省文明村镇""吉林省4A级乡村旅游经营单位"等荣誉称号。

图2-1 明东村村部　摄于2020年10月

随着中国特色社会主义迈进新时代，乡村社会现代化转型的步伐不断加速，治理转型问题也愈发凸显，迫切需要治理能力结构的调试与创新。"一元领导核心"和"多元行动中心"为特点的复合网状结构，能够让多元利益主体积极参与到乡村治理中，随之构建"一核多元共治"的模式，成为推动乡村治理结构向现代化转型的主流趋势。从这一趋向性变化，可以明显看出中国乡村治理的客观现实发生了重大变化，新时代我国乡村社会治理的多层次性、复杂性日趋凸显，传统的仅仅依靠单一主体开展治理的模式已经难以满足现代化的需求，而要求构建极具吸纳力和开放性的复合治理结构，需要多种力量的参与，多主体的合作。"一核多元治理"是一种基层治理模式，在中国共产党为核心的坚强领导下，充分发挥村委会、社会组织、村民等多方主体的作用，实现组织共建、资源共用、事宜共商以及功能优化。2019年中共中央办公厅、国务院办公厅印发的《关于加强和改进乡村治理的指导意见》明确指出，要"建立以基层党组织为领导、村民自治组织和村务监督组织为基础、集体经济组织和农民合作组织为纽带、其他经济社会组织为补充的村级组织体系"[1]。从而可知，新时代乡村治理离不开党的全面领导，通过借助党组织号召力实现乡村治理覆盖群众的增量，形成"政党—政府—社会—其他力量"的多元覆盖，其中以党组织为领导核心，以基层政府为主导力量，以自治组织为能动力量。

1　中共中央办公厅国务院办公厅印发《关于加强和改进乡村治理的指导意见》. 中华人民共和国国务院公报[J]，2019(19)：11-16.

2.1 基层党组织：乡村治理组织体系的领导核心

农村基层党组织包括乡镇党委和行政村党组织。党的村级组织是党在社会基层组织中的战斗堡垒，是党的全部工作和战斗力的基础。1999年2月发布的《中国共产党农村基层组织工作条例》界定"乡镇党的委员会和村党支部是党在农村的基层组织，是党在农村全部工作和战斗力的基础，是乡镇、村各种组织和各项工作的领导核心"[2]。

明东村现党员有51名，党员平均年龄62岁，其中，出国打工流动党员21名，在村能参加活动的党员30名，因病或年迈不能参加党组织活动的党员11名，这样能参加党组织活动的党员仅仅19名。明东村设有1个党支部，3个党小组，男性党员40名，女性党员11名。党员文化结构：大学学历党员1名，大中专学历党员6名，高中学历党员11名，初中学历党员32名，小学学历党员1名。51名党员中，有朝鲜族40名，汉族11名[3]。

2.1.1 强基固本，夯实党组织建设

党的村级组织是乡村治理的"领头雁"，其带头关乎乡村治理效能和治理水平。组织建设是实现党在农村领导的组织保障，是实现乡村治理的重要抓手。因此，为了更好地弘扬党的政策方针，落实其决策部署，领导乡村治理，加强农村基层党组织的建设势在必行。

---

2   中国共产党中央委员会. 中国共产党农村基层组织工作条例. 中国法制出版社, 2019(01).

3   本文中采用的数据除特别标注之外，均来自笔者对明东村的实地调研和现场访谈。

抓好基层党组织建设，必须要选好基层党组织书记，尤其是在乡村振兴大背景下，村级党支部书记必须要立足村情民意，夯实基层党支部战斗堡垒，发挥好"领头雁"作用。明东村朝鲜族占85%，过去一直是朝鲜族党员任书记。自1997年起，汉族党员LYD被选为村党支部书记。村级党组织作为党在农村最基层的组织，直接担负着组织、管理和教育党员的重任。鉴于过去党支部在村治理中存在组织力、凝聚力、战斗力缺乏等问题，LYD认为，建设社会主义新农村，全面推进党组织领导乡村治理，应着力提升党的组织力、凝聚力、创造力和战斗力，巩固治理坚实基础，创新乡村治理机制，不断完善治理保障，突出治理效能。

当时村民们都不听前书记的话，前书记可能只干了4个月吧。我们一般是3、4月换届，但他就干了3个月就干不下去了，所以我才上来的。当时明东村有28名党员，我上来了之后，一些老党员就去找镇政府的人，说让一个汉族当书记，心里不舒服。但那时候的党委书记人很好，后来去民政局当局长，然后退休了。党委书记就问那老党员："那您觉得谁可以胜任这份工作？"他回答不上来。书记就和老党员说："组织建设哪有汉族、朝鲜族之分？谁有能力，谁能引领村民把村子建设好，我们就选谁。年纪大的人应该支持年轻人的工作，不能感情事，如果照您那么说，那延边朝鲜族自治州的书记也应该是朝鲜族吧？老党员怎么可以这样呢？"刚开始他们肯定心里不是很舒服。但我充分理解那些老党员的心思，急村民所急，想村民所想，从村民急切期盼解决的事做起，真正把实事办在了群众心坎上。我刚上任的时候，一个大队没有几家有电话，就大队里有一部，老书记家有一部，砖厂有一部，明南有一部，然后其他家都没有电话，发通知呀，开一次会议也很麻烦。为了普及电话，我就先从电话工程着手，村里接了有线电视线和电话线。当时接一个电话线700元，那时候的700和今天的700可完全不一样，当时我当书记的时候，一年工资才400元，所以负担还是挺大的。做这个电话工程的时候也是，接通线路，不是得立竿子嘛，有的时候会占一点村民的地，村民意见特别大。他们不管别的，不会往远看，不会想着今后村里的发展，只要守住自己的地就行。还有7组，当时那儿有30多户吧，没有一家同意接电话线，我让队长接，队长却说，在这个穷乡僻壤接电话线有什么用，我开始做队长的工作，就说如果不接电话线，连电视都看不了，电话也打不通，万一出了事故，谁都不知道。就这样好不容易说服他接了电话线。后来接电话线的费用也降下来了，降到400多、300多，慢慢家家户户也就都接上了电话线。我记得我们是春天开工，一直干到国庆节那天，竣工那天我们聚在一起总结，大家都承认我确实干得不错。智新有一个村，他们当时没接电话，至今也没能通有线电视，现在想重新拉线，就麻烦了。当时国家有这个项目，所以没这么复杂，但现在不一样了，不可能就为了他一个屯，单独下来一个项目，不是吗？还有一次，那时候98年发了一场洪水，我们这儿不是河边嘛，洪水冲毁了堤防，我就带头去砍树，去河边防洪，当时我就呼吁年轻党员和我一起下来，我们在腰上绑了绳子，进到河里，如果换作是现在，估计不可行，现在生命是最重要的，不能死人啊。那年我35岁，年轻啊，所以能干，现在让我干，我想我绝对干不了。所以第二年重新选举的时候，我就唯一满票当选，大家都非常认可我，不像以前有那么多流言蜚语。有一次智新组织部来调查，说我是第一个在龙井市满票当选的，还问我是怎么干的？记得当时还做了个工作经验汇报。

(LYD，男，汉族，1962年生，村党支部书记兼村委会主任，2021-01-18，在明东村村部)

乡村治理需要创建"想干事、能干事、干成事"的基层党组织，带领群众共同努力，投身到乡村振兴事业。尽管明东村人口流失严重，留守在村里的农民入党愿望不够强，但明东村党支部始终将党员队伍建设和党员发展摆上议事日程，多渠道加大后备力量培养力度，以"三顾茅庐"的姿态说服吸引动员致富带头人、返乡创业者加入中国共产党，进入村两委班子，进一步优化完善党组织和党员队伍结构。现任妇女主任SMY是1983年生的土生土长明东村人。2005年她大专毕业后先后到青岛、广州的韩国企业就业，后来又到韩国务工两年左右。2015年回国后结婚生子，婚后由于丈夫的工作和孩子的学校都在延吉，所以一直生活在延吉，平时也只能周末偶尔回明东村看望父母。为了储备后备力量，村两委的干部通过多种渠道说服SMY返乡，但是由于家庭和各方面的因素，SMY迟迟未能下决心。2021年4月，明东村举行了新一届村民委员会选举，当时选出了新妇女主任，谁知道她干了两个月就主动辞职了。在村两委的反复劝诱和支持下，2021年6月SMY经过深思熟虑决定接任妇女主任工作。赴任以后，SMY积极协助村长做好本村的妇女工作，她开始组织妇女们进行制作辣白菜、烘焙等技能培训，协助村主任把村务打理得井井有条。经过一年的组织培养和本人的刻苦努力，2022年12月23日，SMY光荣成为预备党员。至于对入党动机，她坦诚道：

虽然我父母都是老党员，父亲又是老村长，但以前从未认真想过入党的事。2021年村委会选举以后不久妇女主任位置空缺，村书记就找到了我头上，多次劝我顶上这个位置。我开始是拒绝的，犹豫着回不回农村，也怕自己没有群众基础干不好。但是村委会领导班子动之以情晓之以理，让我觉得作为土生土长的明东人，我确实不能置身事外。赴任以后，现任书记也好、老书记也好，包括我的父亲都对我的政治生命给予极大的关注，经常提起入党的事情。在具体的工作过程中，那些老干部、老党员们的责任感和使命感也深深触动着我。2021年12月我毅然提交了入党申请书，因为只有一名真正的党员才能更好地发挥先锋模范作用，才能真正坚定理想信念一心为公。我很感谢当时村委会能够找上我干这个妇女主任，现在我无论走到哪里脑海中想的都是"我能为明东村做什么？"

(SMY，女，朝鲜族，1983年生，村妇女主任，2023-01-31，在明东村村部)

2.1.2 "一核"引领，发挥党组织"堡垒"作用

新时代，实现乡村治理现代化，必须毫不动摇地坚持党的领导，加强党组织自身建设，尤其是把基层党组织战斗堡垒作用充分发挥出来。明东村党支部以"加强党的建设、推进乡村振兴、为群众造福"为目标，围绕以下四个方面开展了相关工作。

一是明确村级党组织的角色定位。在乡村治理中，村党组织的领导地位主要体现在政治领导、思想领导和组织领导三大方面。因此，需要充分发挥党组织把握全局，统筹协调及服务的作用。另外，需要注意的是，基层党组织的"一核"并非"党办理一切"，主要

体现在思想、政治以及组织上的引领，着力抓方向、抓规制、抓监督，而不是直接干预或过多过度参与社会自治和生产经营等方面的具体事务。正如习近平所强调的，"作为党政一把手，不可能事无巨细事必躬亲，更不能胡子眉毛一把抓。"[4] 就与村民委员会的关系来说，双方在职责上要明确区分，各司其职，各负其责，党组织主要起牵头、调动多种资源及搭建平台等作用，但具体的实施则应当交由村民委员会。与此同时，当村庄各治理主体发生冲突时，党组织要做好协调者的角色。就与村民的关系来说，党组织要做好带领和服务工作，切实地将职能转变到服务农村经济社会的发展上来。

二是充分发挥第一书记的作用，助力乡村治理。近些年来，特别是党中央提出大力推进精准扶贫、脱贫攻坚和乡村振兴战略后，"乡村第一书记"这个新时代的新角色开始走进人们视野，逐步成为社会关注的焦点和热门话题。不可否认，作为脱贫攻坚的生力军，"第一书记"为脱贫攻坚作出了重要贡献，同时在组织引领、锤炼干部、乡村振兴、密切党群方面军发挥着重要作用。HBN是吉林省交通运输厅派驻龙井市智新镇明东村的第一书记，赴任以来HBN一手抓党建强根基，一手抓经济促发展，推动组织工作与经济建设有机融合相互促进，以高质量党建引领乡村发展H书记充分发挥自身优势和资源，帮助村庄抓好产业发展、抓好基础设施保障、抓好就业创业，积极协调，牵线搭桥，让乡村群众实现就地创业，就地就业。为了尽快落实各项规划，HBN多次四处奔走，跑项目，争资金，先后为村里投入1340万元，建起了2500平方米的村旅游停车场、硬化11条村水泥道20.1公里，铺设中心屯2.6公里沥青路，以及桥梁、涵洞、

4　习近平改革方法论·党政一把手该如何抓改革. 理论与当代[J]，2017(06)：59-61.

排水沟等。省交通运输厅还通过协调，为明东村争取资金3434万元，修建了3700延长米石砌围墙、休闲广场、文体设施、无线应急广播系统和中心屯监控系统，以及LED滚动大屏幕。完成了26户村民危房新建和修缮，村主路两侧1500延长米绿化等12项基础设施建设。对于授人以鱼不如授之以渔的道理，第一书记心知肚明，让村民"动"起来才能真正地盘活致富这盘棋。随后米酒厂项目投资50万元落地、养牛项目投资达100万元、调料厂更是投入了400万元的项目资金。在这些项目中，很多村民既是股东又是企业员工，不但有了工资，甚至年底有了分红，村民们对于致富的信心和干劲空前高涨。在HBN的带领下明东村发生了翻天覆地的变化。HBN本人也连续3年(2016-2018年)被龙井市授予脱贫攻坚"先进个人"；2019年，被省交通运输厅评为"最美吉林交通人"，被龙井市评为"龙井好人，脱贫攻坚先锋"称号。第一书记用实际行动改变了党群关系，发挥了党支部的坚强战斗堡垒作用。

三是加强党员队伍建设。通过定期召开党员大会和组织生活会，组织村党员深入学习党章、领会党的历次全会精神，掌握由各级政府出台的相关政策性文件，鼓励党员踊跃建言献策，共谋发展思路；同时，认真开展批评和自我批评，查找自己在思想意识、工作能力、纪律作风等方面存在的问题，全面提升党员的综合素质，不断提高班子的凝聚力和战斗力，让队伍动起来。用制度的规范化建设，让党员有归属感，找到"家"的感觉。以"三严三实""两学一做"和"不忘初心、牢记使命"学习教育为契机，严格落实党内生活制度。在村部制作悬挂"践行'两学一做'学习教育，创建'共产党员服务城'"展板，为全村50名党员配发了党徽，强化了党员联系群众、引领示范的浓厚意识。充分把党员的先进性、模范性调动起来，把流动党员召唤进来。建立了党员微信群，党员定期在群里向党组织汇报思想，使每位党员能找到党组织，党组织能及时联系到每位党员，做到全村党员流动不流失、误工不误学。在两个不同民族生活在一起的民族村，党支部尤为重视以支部书记为首的党员干部的工作作风，重视民族团结，要求党员干部起好模范作用、协调作用、服务作用。当笔者访谈明东村原支部书记LYD的时候，他对笔者讲：

之前州组织部、州党校来我们这儿的时候说过，在朝鲜族地区工作的汉族书记，全州只有两名，还说我是干的时间最长的。他们也说，语言很重要。要不是我朝语这么好，不可能在这里做这么长时间。我刚上任的时候和汉族村民说过，我本人就是汉族，所以汉族和朝鲜族产生矛盾的时候，不可能一碗水端平，而是会倾向朝鲜族多一点。不然，即便我公平处理，他们也会觉得，我是汉族所以才会照顾汉族。我们之前有过一次什么事情呢，有一位朝鲜族去韩国被骗了，所以只能负债回到村里。他老婆就说，没法一起过了，要离婚。当时他家里什么都没有，家里所有的东西都卖了，好不容易凑钱去了韩国，还被人骗了。当时我就动员村民，动员的几乎都是汉族，看看能不能赞助他家点东西，能赞助半袋肥料也行。那时候村民有赞助苗子的，有赞助肥料的，有赞助玉米种子的，也有赞助大米的。他老婆看到村民这么关心他们，哭着跟我说，她决定不离婚了，要好好过日子。后来他们开始种地，把债还清以后夫妻俩又一起去了韩国。其实，我看到村民这种情况，装作没看到也无所谓，夫妻离婚再正常不过了，是吧？还有一次，我们村里来了一户汉族，他来了之后丢了6头牛，我们以前养的都是地方牛，他们拿来的是花牛，当时一头牛将近一万元呢，我又动员村民，动员了好多朝鲜族的村民，最后好不容易在大成地方帮他们找到了牛。他们后来说，没想到咱们村里，两个不同民族的人，能相处得这么融合、融洽。虽然这都是小事，但是这正体现了不管是汉族还是朝鲜族，只要他人有困难，就应该相互关心、互相帮助，这样才能融入到一起。乡村治理，乡村治理也都是从小时抓起。所以我当书记的时候，只要有人在我面前说，汉族怎么怎么样，朝鲜族怎么样，我就会说，不管是汉族还是朝鲜族，我们都是一个团队，一个团队就要拧成一股绳，劲儿往一处使，这样团队才能发展。就像拉牛，一人在这头拉，另一个人在那头拉，那这牛永远不能前进。所以必须要合力，如何合力，必须要有凝聚力，一个团队在一起工作就是缘分，应该互相补台，这样才能显示出团队精神。当然，党的干部作用很重要。干部要以身作则，需要好好宣传党的政策，做人得公道、正派，这是非常重要的。人都是有感情的，大家心里都明白。

(LYD，男，汉族，1962年生，村党支部书记兼村委会主任，2021-01-18，在明东村村部)

四是增强基层党组织的创造力。创造力是基层党组织引领发展的原动力，而且，党员干部的思想素质和实践能力，决定了基层党组织的创造力。在乡村振兴实践之路，明东村党支部聚焦农村经济发展中面临的重点、难点、热点问题，不断提升党组织的创造力，按照乡村振兴的总要求，扎实推进乡村振兴战略。通过实施农村基层党组织带头人队伍优化提升计划、加强后备力量建设，实现党组织创造力的提升，从而引领乡村治理水平的提升，助力乡村振兴战略的实施。创造性地开展工作，关键还是在于人。为了配备健全、功能完善、组织有力的班子，明东村支部克服村落空洞化、老龄化的种种困境，积极动员和引导农村返乡人员留乡就业创业，帮助返乡人员圆就业创业梦，鼓励他们进行规模种植，规模养殖，助力脱贫攻坚和"美丽明东"乡村建设增添一股新的动力。现任村支部书记兼村委会主任便是近几年脱颖而出的返乡创业人员，是乡村治理中的"领头雁"。

明东村党支部注重加强自身组织建设，提高综合素质，充分发挥党在现代化治理过程中"一核"作用，强化对其他治理主体的领导，肩负起带领广大群众发家致富和实现农业农村现代化的任务。明东村先后被评为2020年度智新镇标兵党支部、2021年度智新镇先进基层党组织、2021年吉林省先进基层党组织。

图2-2 村党支部获得的部分荣誉　摄于2021年2月、2022年10月

2.2 村民委员会：乡村治理的主导力量

村民委员会，是乡(镇)所辖的行政村的村民选举产生的村民自我

管理、自我教育、自我服务的基层群众性自治组织[5]。村委会主要承担村民自治的职能，理论上是自治的组织者。但客观上讲，村民自治作为一项国家整体性制度安排，村委会与一般的自治性组织有很大的不同，它既是自治组织，同时也是现代国家建构的一部分。村委会集自下而上的村民授权和自上而下的国家授权于一体，同时扮演着"国家权力的代理人"和"村民自治的代理人"的双重角色。也就是说，村委会作为连接乡镇政府和村民的桥梁和纽带，同时承担"对上"和"对下"的双重职责，肩负着"村治"的组织者、"乡政"的承接者、"乡政"和"村治"的衔接者的责任。如此一来，从乡镇到村委会实际上构成农村基层社会的"行政体"，从村委会到村民形成农村基层社会的"自治体"，"乡政村治"便形成了以村委会作为"衔接体"、其上为"行政体"、其下为"自治体"的一体结构，从而具有了"上政下治"线性结构的特点[6]。

明东村村委会设村主任、村监督委员会主任、村治保主任、村妇女主任、村会计，都由全体村民选举产生(详见表2-1)。

表2-1 新一届明东村村民委员人员组成表

职务	姓名	性别	年龄	民族	政治面貌
村委会主任	XCH	男	45岁	朝鲜族	党员
监督委员会主任	LYD	男	61岁	汉族	党员

5　中华人民共和国村民委员会组织法. 中国人大网, 2019-01-07
　　http://www.npc.gov.cn/npc/c10134/201010/99eab022be0549a59a16d879d8931
　　5df.shtml

6　宁华宗. 新时代乡村治理结构现代化：方向与路径[J]. 贵州社会科学，2021(06)：
　　148-154.

职务	姓名	性别	年龄	民族	政治面貌
妇女主任	SMY	女	40岁	朝鲜族	党员
会计	CX	男	41岁	汉族	群众
治保主任	AFZ	男	55岁	汉族	党员

资料来源：根据田野调查资料而制

从村委会的组成来看，其成员是一批有着远见并具备领导、协调、组织等各方面素质的脚踏实地为村民服务的人才，深得村民的信任。村委会充分认识乡村治理中村委会的角色与定位，在基层党组织的领导下，努力做好"乡政"与"村治"的衔接者的同时，作为村民自治制度的组织载体，在经济建设、民主选举、村务决策、村务管理、公共服务供给等方面充分发挥牵引带动作用。

2.2.1 以经济建设为抓手，夯实产业根基，壮大集体经济实力

乡村要振兴，产业必振兴。产业兴旺，是解决农村一切问题的前提。只有实现乡村产业振兴，才能更好推动农业全面升级、农村全面进步、农民全面发展。乡村治理是一项复杂的系统工程，需要从多层面协同推进。在这个过程中，摆在首位的是要充分地激发农民的主观能动性和主体性。农民是乡村振兴的主力军，也是乡村治理的最主要主体。为了激发广大农民的积极性，明东村立足产业发展，从多个方面带动农村经济发展和农民脱贫致富。

在乡村治理工作中，乡村应推进农业适度规模经营，鼓励专业合作社、家庭农场、专业大户等承包土地承包经营权，使土地资源开发利用率、土地产出率和劳动生产率显著提高，也可以让更多农民

从土地流转中获得增值收益，是个一举两得的办法。明东村采用转让、租赁、承包、转包等土地流转方式，促进土地向家庭牧场和合作社转移并集中于此，为农业的适度规模经营创造了条件。此外，明东村通过有效整合林地、土地等可利用资源和劳动力资源等，找准特色富民产业，通过鼓励产业项目和工商资本下乡，规划建设具有朝鲜族特色产业园区(种植、养殖、乡村旅游等)，使农民就地转移就业变身为产业工人。现任明东村的村委会主任就是农业规模经营脱颖而出的一个玉米种植家庭农场的农场主，他介绍说：

我是从2017年开始养牛了嘛，所以种了苞米，第一年也就种了3垧左右。我们村里种地的大部分都是外地人，我不是2016年来到咱们村里了嘛，当时在我们村里种地种的最多的是一个从外地过来的，他大概种了50垧地，听说他来我们村里种地大概种了有12年吧，挣了能有200万，这不有钱了嘛，那些外地农户都听他的。有一次这个外地农户说我们村的前书记——李书记偷了他们家的肥料袋，跑到李书记家里去闹。我当时是村里的会计，所以他们报销必须经过我，都怕我三分。我就去找他跟他说，不管怎样，李书记是咱们村的老书记、老党员，你都没调查情况就说人家偷了，而且那个肥料袋是我弟给李书记拿过去的，不能说袋子一样就是偷了你家的啊？…有了这事儿之后，第二年我就把提高土地租金为前提，从他手中把大部分地都拿过来了，也就是50余垧地当中，我把其中42垧给抢过来了，他就剩了几垧。他后来一看没地种，再说我出的租金也比他的租金高，所以就离开了我们村。他走之后，我就自留3垧地用来种地外，剩下的地都分给了我们村里的其他农户。后来我想光靠养牛还不够，就想试试种地，所以第一年我收了70垧地，留了其中比较好的地，大概53垧吧？另外长财(现在的4组5组)大概能有260垧的地，现在我手里能有一半，130垧左右。毕竟我是长财出生的，我父母都在这里，我的根在这里，不像其他人种地种的不顺心，甩手走就完事儿了，这里是我的家乡，我人也住在这里，所以大家都比较信任我，收了能有130垧左右，今年种了能有90垧吧。我第一年种了53垧，第二年种了75垧。

(XCH，男，朝鲜族，1978年生，村会计，2020-12-27 在明东村村部)

近几年XCH尝到了土地流转，规模经营的甜头。"在本地种地，这比在外面打工可赚得多啦。我现在可是职业农民了"XCH乐呵呵地说。XCH还牵头成立了农民专业合作社，入会成员可以优惠购买农机，也可以共享农机。

受多重因素影响，明东村与我国其他地区农村一样，村集体经济相对薄弱，基础设施建设、公共服务投入都依赖上级财政拨款，村级组织缺乏"造血"功能，组织凝聚力、号召力不足，严重影响农业农村现代化进程，也影响乡村治理的进程。加快振兴乡村集体经济，是推动乡村产业振兴的有效途径，也是提升乡村治理能力的关键举措。为此，明东村将闲置的学校、旧厂房及其他闲置的集体房产承包给业主经营，收取承包费；同时，将山河流等自然资源承包给想要做乡村旅游、生态农业等项目的经营主体，并从中收取租金；此外，还通过收取尹东柱故居门票来创收(每年3万-5万)。像这样，明东村通过集体资产盘活模式，使村级集体经济发展实现从弱到强的裂变。

2.2.2 完善村民自治，夯实治理基础

何谓村民自治？简单地讲，村民自治是在中国农村推行的一种社区制度，它的主要特点是由村民自己决定属于本村内部的事务，其他组织和政府无权干涉，即村民通过"实行民主选举、民主决策、民主管理、民主监督"这四方面来自我管理本村的公共事务和公益事业，调解民间纠纷，维护社会治安等[7]。换句话说，村民自治就是让农民群众当家作主，村民通过"四个民主"，自主进行自我管理、自我教育、自我服务、自我监督，村里的各项事务由村民协商办理。在"四个民主"中，村民自治的基础是民主选举，民主决策是关键，民主管理在村民自治起着关键作用，而民主监督为村民自治提供了保证。

选举"当家人"是村民自治的关键环节，是实现村民民主管理、民主决策和民主监督的基础和前提。2021年4月，笔者驻明东村时，明东村举行了新一届村民委员会选举，目睹选举的整个过程。为了顺利举行村民选举，明东村早在2021年3月3日，在智新镇乡村委会换届选举指导小组的指导下，经村民大会选举出以前村委会主任LYD为首的5人村民选举委员会，负责进行宣传、监督、发布公告等工作。在公平、公正、公开的原则下，经一个月的选民登记、候选人资格审查、正式候选人的竞职演讲、竞职承诺发表等一系列过程，4月10日明东村第十一届村民委员会换届选举正式开始。会议由村民选举委员会主任LYD主持，智新镇换届选举领导小组到现场进行监督指导。选举从9时开始，至12时30分结束。经291名选民正式投票

7　程同顺.中国农民组织化研究初探[M].天津：天津人民出版社，2003：237.

的结果，XCH任村主任、CX任报账员、JJH任妇女主任、WLP任民兵连长、AFZ任治保主任，新一届村民委员会正式产生。新上任的村委会主任XCH当场表态发言：

今天我代表村委会新班子全体成员对于今后即将开展的工作，郑重做出以下承诺：1.我们将会在随后的工作当中，在首先虚心听取群众的建议和呼声，在亲力亲为、在充分调研、符合实际的基础上，制定具有科学性和合理性的长短期计划和目标。2.我们会紧密团结群众，接受全村人的监督。围绕为村民服务的宗旨，努力为大家多办好事，多办实事。我将时刻牢记作为明东村村官的使命，以明东村公仆的心态，任劳任怨，脚踏实地的做好本职工作。在工作中秉持以身作则，求真务实的方针，不说假话、大话和空话，低调做人高调做事。3.在镇党委和镇政府的坚强领导和正确指引下，我们会把村委的各项规章制度进一步完善，力求在工作中依据各项管理制度秉公办事，坚持做到既公开又公正的工作准则。遇事要兼听则明，不搞任人唯亲、拉帮结派，独断专行的一言堂。以规章制度为依据，以良心和正气作为底线，合情合理合法地处理各项事务和矛盾纠纷。最重要的是，我们要真正的把上级和群众交办的各项工作落到实处，千方百计让我们明东村更快更好的发展，也让村民切切实实地获得好处和实惠，体会到作为明东村村民的幸福感！说得再好都不如实际行动，最后让我们大家一同携起手来，群策群力，共创明东村美好的未来！

(XCH，男，朝鲜族，1978年生，村党支部书记兼村委会主任，2021-04-10，在明东村部)

图2-3 明东村村委会选举大会现场　摄于2021年4月

图2-4明东村村务公示栏　摄于2022年8月

为了创新村民白治形式，进一步完善民事民议、民事民办、民事民管的多层次民主协商格局，明东村村委会一是切实保障村民的知情权。深化党务、政务、村务公开制度，全面实施村级事务阳光工程，与党风廉政建设相结合，建立村级事务查询平台，采取上墙公开、在线公开等多方式进行公开。二是保障村民的参与权。完善村民代表会制度，真正做到一事一议、民事民议。尤其是对于土地征用、项目招投标、公共基础设施建设等敏感事宜和涉及村民利益的事，通过召开村民小组会议等多种方式，事先广泛征求广大村民的意见。三是保障村民监督权。建立健全村务公开监督小组、民主理财小组和招投标监督小组，支部发挥战斗堡垒作用，努力提高村民自治意识和法治意识，引导和支持各小组各司其职，各负其责，相互协作，以提高民主管理的有效性。村两委的工作作风及工作实绩，村民大体上都是认可的态度。

这几年我们村的主任都干的挺不错。原来的LYD主任，虽然是汉族，不仅处理好村务，村里有什么事情就听取广大村民的意见，为村民谋事，而且他的朝语水平相当流利，跟我们讲的没啥区别，很是了解朝鲜族的风俗习惯、情结，所以呢，从感情上跟我们没有一点距离，平时我们有什么问题，就愿意找这个L主任。还有这届新上任的XCH呢，又年轻，又有魄力，而且他本身是个致富能手。上任以后他也坚持村务公开，大事小事都让村民知道，而且还关心村民，注意听取村民意见。尤其是引领村民致富方面，他通过土地流转、扶持特色产业发展等渠道，就是想要千方百计地拓展村民的致富路径。别的村的村干部是自己先富，然后才是村民富，而我们村的村干部呢，是大家一起富。年轻人真的很辛苦，我们都看在眼里。

(YHZ，男，朝鲜族，1962年生，2022-08-13，在明东村主题公园露营地)

孩子们以前在那里上学，当时有个木桥，因为时间久了木头都烂了，孩子们总是掉进去，那时候农委是我们村的包点帮扶单位，所以当时L主任就向龙井市农委反映，希望能赞助我们修桥。那个人也非常热心，他说可以提供钢筋水泥和铁轨，但是工人得我们村自己派。所以L主任就带我们7个小队就轮流干，今天一组，明天二组，后天三组，以这样的方式轮流干，像他们L主任、书记，每天都出来，那年真的受了不少的苦。我们对我们村里的干部，尤其是村委会主任都是非常满意，不管是老主任，还是新主任，不管是汉族干部，还是朝鲜族干部，只要急村民所急，想村民所想，千方百计为村民办实事好事就是好干部呗。

(ZCF，男，朝鲜族，1935年生，2022-08-13，在明东村村部)

2.2.3 "积分制＋清单制"探索乡村治理新路径

群众的利益诉求是具体的，也是不断发展变化的。明东村推广运用"积分制+清单制"，以解决群众关心的现实问题为着力点，探索乡村治理的可行之道，增强治理的针对性和有效性。为实现小积分推动治理能力由量变到质变转换，明东村召开积分制应用推进会，对积分制、清单制中三个方面32项指标进行说明，制定完成《在乡村治理中推广运用"积分制""清单制"试点工作方案》，落实任务清单、细化具体举措，让"积分制＋清单制"工作的运行能够更加有序地开展。实施"积分制""清单制"，村民以户为单位，参与积分管理，每个家庭的基础积分为10分，对照积分制+清单制的三大类32项指标来进行积分加减(详见表2-2)，积分管理台账做到一日一记录、一周一审核、一月一公示，奖励形式分为兑换服务、精神鼓励和享受有关奖励政策等，让乡村治理变得既有"分值"又有"价值"。

表2-2 明东村乡村治理评分标准

一、美丽乡村建设

	序号	加分	扣分	内　容
正向评价指标	1	2分		"绿色人家"评选标准：室内干净、庭院美化、垃圾处理、厕所卫生、门前三清；
	2	2分		"富强人家"评选标准：认可村里帮扶事、发挥带动作用好、脱贫光荣勤为本、能讲帮扶二三事、效益分配讲得清；
	3	2分		"文明人家"评选标准：遵纪守法、崇尚文明、邻里和谐、参加志愿服务；
	4	2分		"最美人家"评选标准：作风正派、乐于助人、勤俭持家、爱护集体；
	5	5分		"出彩人家"评选标准：媒体宣传被报道、获得荣誉和称号；
	6	5分		"杰出人家"评选标准：子女应征入伍、考入大学、家庭成员申请入党；
	7	2分		"先锋党员"评选标准：积极参加党的组织生活、积极参与党员志愿服务。
反向平价指标	8		2-10分	生活规矩不能逾越：乱丢垃圾、乱堆乱放、违章搭建、非法经营、侵占道路
	9		2-10分	法律红线不可触碰：串联聚集、无理缠访、越级上访、散布谣言、扰乱公共秩序
	10		2分	村组活动不能缺位：不参加村组活动、不支持村里工作、不服从村组安排

				二、疫情防控方面
	序号	加分	扣分	内　容
正向评价指标	11	2分		核酸三天做一轮，应检尽检为自己
	12	2分		出门必戴N95，戴前摘后要洗手
	13	2分		村民出门要报备，没有急事宅家里
	14	2分		电话联系不聚集，红白喜事少参与
	15	2分		家庭常备消毒液，个人防护要做好
	16	2分		中药茶饮按时喝，提高自身免疫力
	17	2分		边防安全勤关注，有效举报给奖励
	18	2分		互相监督你我他，争做抗疫护卫兵
反向平价指标	19		5分	未戴口罩、不做核酸、江边逗留、闲散唠嗑
	20		5分	散播谣言、造谣滋事、以讹传讹、违反舆论
	21		5分	瞒报行程、擅自进出、谎报事由、聚集玩乐
	22		5分	乱投鼠药、散养家禽、乱扔污物、妨碍消杀
				三、一票否决指标
一票否决	23			违法乱纪，受到行政处分、刑事处罚、党纪处分
	24			聚众赌博、吸毒，加入传销，参与非法宗教活动
	25			秸秆焚烧、私装非法卫星
	26			连续3次没参加核酸检测或排查工作
	27			故意瞒报行程导致影响较大
	28			故意损坏、损毁警戒线、防护网、监控摄像头等设施
	29			越过边境铁丝网行为
	30			无正当理由未按要求及时接种新冠疫苗
	31			不履行赡养、抚养义务等违背伦理
	32			散播谣言造成恶劣影响的

资料来源：根据明东村提供的资料而制

"爱心便利店"便是迎合积分制、清单制兑换服务需要而产生的又一"新生事物"。为激发广大群众参与村级公益事务，弘扬社会主义核心价值观，明东村开展"爱心便利店"积分兑换活动，让生活的方方面面、点点滴滴都能兑换积分，以积攒文明，有效引导村民主动参与乡村治理，激发群众自治活力。明东村从2018年开始探索推行乡村治理"以分换物"的积分制制度，根据本村实际情况，围绕环境整治、村规民约、移风易俗、疫情防控等内容，合理制定具体评分细则，以户为单位建立积分档案，开展积分累计兑换活动。村民兑换日用品的方式灵活、便捷，积分没有时间和总分的限制，根据积分值，村民可以按照需要"大积分兑换大礼物""小积分兑换小礼物"的方式兑换相应的奖品，将累积的日常积分和精神鼓励及物质奖励相结合，激发村民参与新时代文明实践活动的积极性，推动左邻右舍的和睦团结、乡村志愿服务蔚然成风，引领乡风文明新风尚。"爱心便利店"是新时代文明实践站，是推进农村移风易俗、破除陈规陋习、树立文明村风民风、有效治理乡村、服务乡村振兴发展的重要举措，并举办"美丽庭院""干净人家"等各类道德模范选树活动，充分发挥先进典型的示范带动作用，营造比学赶超的良好氛围，让乡风文明有"镜子"可照、有"尺子"可量、有"标杆"可比。积分兑换活动中，明东村还做到奖惩分明，设置积分"红黑榜"，为年度积分排名前十的家庭发放物质奖励，激发群众参与到"积分制+清单制"工作中的积极性。村委会主任介绍道：

　　实行"以分换物"的"积分制"以后，村民参加评比活动的热情非常高，深受村民们欢迎，每家每户都踊跃挣积分而且绞尽脑汁想着累计更多的分。根据爱心超市积分管理制度的规定，每户基础得分10分，这是每户都得的基础分。然后呢，根据道德模范、活动参与、环境卫生、矛盾调解、产业发展、疫情防控等方面参与活动情况进行加分，若存在违法乱纪、乱烧秸秆等情况将进行扣分，并发布在村里的乡村治理红黑榜上。红黑榜虽小，但其作用大着呢。每个村组都建立"红黑榜"评榜委员会之类的组织，每月对本村本组的先进和落后现象进行民主评议，坚持大家事大家办，客观公正评出"红黑榜"对象，最终进行张榜。通过墙上的红黑对比，理直气壮将好人好事上红榜、消极落后上黑榜，及时将村组治理中的好、坏现象，进行常态化张榜，促使"红黑榜"这一乡村治理的软鞭子激励先进、鞭策后进。

(XCH，男，朝鲜族，1978年生，村党支部书记兼村委会主任，2022-10-21，在明东村村部)

据村主任介绍，村里组建了村民自治"积分制"工作小组，由村党支部书记任组长，每个村民小组组长负责在系统上上传"干净人家""美丽庭院"日常评比照片和每个小组的初评。村民如有除日常评比以外加分项目时，可以通过电话、微信、书面等多种形式向村"积分制"工作小组申报，申报时对加分事项、地点、经过、结果等清楚告知，并提供相关佐证材料。村委会成员、各小组组长、村民代表对村民申报的事项按照村"清单制"的积分标准现场走访并进行复核，由积分评定小组一起评定积分，完成加分。对于减分事项是由村民委员会提出备案，经村民自治'积分制'工作小组确认和讨论，严格对照积分管理细则申报、查实、减分。不仅如此，村民委员会对所有的加分和减分项实行一周一审核，经集体会议确定加减分结果后在村"两委"会议上通报，并每月由村民委员会将全体村民的积分考核得分总表在村里醒目位置公示，接受村民的查询、监督。每月20日爱心便利店集中对外开放，村民可以凭积分卡，到爱心便利店兑换等值物品，也可以一直累计一次性兑换物品。每月表现最好、获得积分最多的村民在积分排行榜上进行公布，强化村民劳有所得、多劳多得的进取意识。为了加强日常管理，保证爱心便利店的健康运行，村里建立了《爱心便利店积分管理办法》《爱心便利店管理制度》等，设立了"爱心便利店积分榜""爱心捐赠光荣榜"进行对外公开展示，接受监督。积分可以兑换爱心便利店的商品，爱心便利店的商品大部分都是日常生活用品，由村民委员会提供，也有一部分是龙井市交通局、龙井市妇联等部门提供。年底积分排名靠前的还有机会荣获"最美儿媳""村级好人""模范家庭"等荣誉称号，并推荐到乡镇基层政府，参加乡镇级评选。明东村的积分制有奖有惩，低积分村民也会受到相应的处分。当村民故意做出负面清单列出的违规行为，多次被扣分时，村委员会予以劝诫、批评教育，并让其签署整改保证书，保证绝不再做出负面清单上的行为，若再犯，就将所作所为对向全村村民曝光，情节严重者，还会将信息移交至乡镇相关部门。

明东村实施的"积分制"，赢得了村民的一致好评。因为村民可以通过自己的努力获取积分，人人想争先、户户比着干，都将自家的庭院收拾得井井有条，门前道路打扫得畅通整洁，原本干净整洁的村民就不用说了，就连不太讲究环境卫生的村民也逐渐向模范看齐，干净整洁的好习惯潜移默化地影响着身边人。明东村采用正向激励和负面处罚的双重作用的方式，鼓励和约束村民，最大限度推动乡村治理和服务向末端延伸，探索农民自我管理、自觉遵守、自我治理的乡村治理新模式。

图 2-5 在"爱心便利店"兑换商品的村民　摄于2021年4月

"积分制+清单制"实施以来，一方面大大提升了群众参与村级公益事务的积极性，进一步增强对乡村建设的认同，引导群众树立"明理、感恩、自强"社会新风尚，另一方面提高了村民自己管理自己的能力，激励村民从小事做起、从日常做起，共同参与乡村治理，共建共治共享良好社会环境。村民的思想观念发生了很大转变，从原先的"台下"走到"台上"，由台下"观众"变为舞台"主角"，充分调动了村民参与乡村治理的积极性，崇德向善、爱护环境、助人为乐等村风蔚然成风。"小积分"让村民兑换出了乡村建设的参与感和幸福感。明东村妇女主任SMY说，"积分制度是创新农村精神文明建设工作的生动实践，将有助于推动村级道德公约的形成，逐步构建起现代乡村社会治理体系，促进农村思想道德建设和乡风文明纵深发展。自从积分制实施后，村里的不文明行为减少了，好人好事变多了，村民参与乡村治理的积极性、主动性、创造性也提高了。"明东村将始终坚持"健全制度、以德积分、以分换物"的工作思路，让群众付出得积分、兑物品、赢肯定，提升广大村民参与乡村治理的热情，从日常小事做起，从自己身边事做起，让群众积极参与到乡村治理，并在参与过程中加深对乡村建设的认同和支持。形成共建、共治、共享的良好氛围，以提振村民群众精神风貌推动朝鲜族乡村治理水平再上新台阶。

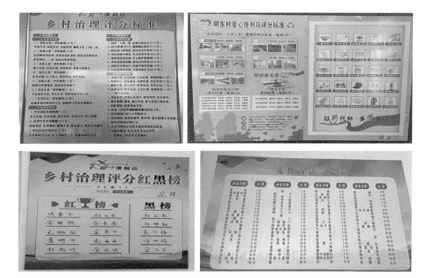

图2-6 明东村"积分制+清单制"评分标准　摄于2022年8月

2.3 社会组织：乡村治理中的助力作用

乡村治理是高度复杂的系统过程，必须充分发挥党和政府的领导决策作用，加大市场和社会力量参与力度，构建并完善多元主体协同共治的乡村治理体系。2019 年中共中央办公厅、国务院办公厅印发的《关于加强和改进乡村治理的指导意见》指出：建立健全党委领导、政府负责、社会协同、公众参与、法治保障、科技支撑的现代乡村社会治理体制；支持多方主体参与乡村治理，积极发挥服务性、公益性、互助性社区社会组织作用[8]。

乡村社会组织主要是指"由农民自发组织的或者是农民在政府的推动下组织的，但参与主体主要由农民构成，目标在于更好地实现农民政治、经济利益或完成某种社会保障功能而组建成的民间社团"[9]。学界根据不同的标准，把乡村社会组织分为不同的类型。其中较具代表性的有，谢菊根据组织合法性问题，将农民组织分为体制内农村民间组织和体制外农村民间组织两类[10]；林忠生等则以组织领域将农民组织划分为经济类组织、社会文化类组织和维权类组织[11]；俞可平将农民组织划分为权力组织、服务组织和附属组织三类[12]；程同顺将农民组织划分为政治性组织、经济性组织、基层自治性组织和社会性组织[13]；李竞莹以供给的公共产品类型将农民组织划分为官方性民间组织、准民间组织、纯民间组织和俱乐部民间组织四类[14]。

8　中共中央办公厅，国务院办公厅. 关于加强和改进乡村治理的指导意见. 国务院公报，2019年第19号.

9　程同顺. 中国农民组织化研究初探[M]. 天津：天津人民出版社，2003：25.

10　谢菊. 新农村建设中的农村民间组织发展研究[J]. 中国行政管理，2006(10)：64-67.

11　林忠生，杨清. 浅谈新农村建设中农村民间组织的兴起及角色定位[J]. 前沿，2007(04)：199-200.

12　俞可平. 全球化时代的善治[J]. 商务周刊，2002(13)：38-39.

13　程同顺. 中国农民组织化研究初探[M]. 天津：天津人民出版社，2003：25-30.

14　李竞莹. 新公共管理视角下农村民间组织的功能分析——对广西陆川县民间组织的调查与思考[J]. 企业科技与发展，2008(04)：109-111.

农村社会组织的出现是中国农村推行市场取向的经济改革的必然产物，其参与农村治理从根本上改变了中国农村的治理结构和治理状况，从总体推进了农村的民主和善治[15]。作为一种乡村内生性组织，乡村社会组织具有自发性、自主性、互助性、乡土性、草根性等多重属性，在促进村民参与村庄事务、加强基层民主建设、提供公共服务、丰富村庄文化、维护村庄和谐、增强共同体意识等方面都发挥着不容忽视的作用，不仅着力攻克公共服务"最后一公里"，还协助村党支部和村民委员会，强化宣传，同时帮助落实党和国家的惠农富农政策，广泛动员村民参与村庄建设中来，让村庄真正活起来。不仅有利于构建完善乡村治理体系，提高乡村治理能力，还有助于推进国家治理体系和治理能力现代化。

2.3.1 合作社参与乡村治理

明东村的社会组织并不发达，主要有农业合作社和老年人协会。改革开放以来，中国的农村生产方式不断变革，从集体化大生产转变为家庭经营的生产方式。但时过境迁，随着市场经济的发展，这种以家庭为基本单位的"分散化"的小农经济在市场经济浪潮的冲击下逐渐体现出竞争能力不足、生产规模偏小且抗风险能力弱等问题，在生产、加工到销售等环节步履维艰。况且，随着农业生产社会化发展的步伐加快，在农业生产全过程中，农户的社会化服务需求也日益增加，必须通过提高农民组织化程度，满足农民的农业生

15　俞可平. 中国公民社会的兴起与治理的变迁[M]. 北京：社会科学文献出版社，2002：57.

产需求。基于此，明东村组建了农民合作经济组织，把农民有效组织起来，现存农村经济合作社有14个，其中运营较好的合作社不到一半。其中，玉米生产专业合作社通过入股等方式进行土地流转，提高了玉米生产规模化、机械化以及集约化水平，进而通过提供玉米的种植、销售、加工、运输、贮藏以及农业生产经营有关的技术、信息等服务，实现村集体经济和农户"双增收"。与小农经济相比，发展农民专业合作社能够有效解决我国农民市场竞争力弱的问题，帮助农民与市场有效对接，促进农民农村共同富裕，进而推进中国农业现代化。不仅如此，合作社还凭借其经济优势，以经济存在再到政治和社会的渗透，不断渗透、不断嵌入乡村治理，从其参与形式看，采取"合作社+农户"模式，积极参与到村民委员会选举、竞选村干部、调解村民矛盾、乡村公共事业等工作中。农村经济合作社LZG说：

现在农村里农村合作社的影响力越来越大。因为租种的土地多，加上各种优惠政策，比如讲农民个人贷款最多只能贷款10万元，而合作社经营者贷款可达100万元，买农具的时候也不受限制，因此资金和农机方面实力比较雄厚，那些无力耕种的农户愿意要入股。正因为合作社经济实力雄厚，村委会在搞选举呀，或者处理什么村务时也经常听取我们的意见，我们也经常介入村治理，村里搞什么大型活动的时候，我们也适当地捐款捐物。我看将来，随着农业集约化程度的提高，在乡村治理中合作社的地位和作用会更加凸显和重要。

(LZG，男，朝鲜族，1980年生，2022-10-21，在村民农田里)

图2-7 部分农村专业合作社和家庭农场营业执照 摄于2021年6月

表2-3 明东村经营比较好的农村经济合作社和家庭农场统计

名称	类型	种植	养殖	总数
农村经济合作社	农民专业合作经济组织	龙井市明东特色特产种植农民专业合作社 龙井市安松土豆种植专业合作社 龙井市明东永习农作物种植农民专业合作社	龙井市LZG养殖专业合作社 龙井市智新镇西沟黄牛养殖农民专业合作社 龙井市XCH养殖专业合作社	6个
家庭农场	个体工商户	龙井市智新镇朝霞玉米种植专业农场 龙井市昌浩种植家庭农场 龙井市智新镇宇轩玉米种植专业农场 龙井市智新镇远东玉米种植专业农场 龙井市智新镇永习玉米种植专业农场 龙井市智新镇风云玉米种植专业农场	龙井市新东山羊养殖基地	7个

资料来源：笔者根据村委会提供材料整理

当前，学界对农民合作经济组织的功能界定存在部分争议，大部分研究者都认同农民合作经济组织制度的主要功能在于帮助村民和村庄实现经济增长，但对于该组织在乡村治理中的社会功能即农民合作经济组织是否应该以及是否已经承担村庄的公共服务供给和乡村秩序协调等功能存在较大争议¹⁶。从明东村的事例来看，合作社从事经济活动时，开展的生产经营活动与"三农"都有密切关系，加之经济合作社的负责人往往是村干部或经济能人，因此必然也会不同程度参与农村公共事务，成为乡村建设的重要主体。农民合作经济组织通过引入市场竞争机制，借助政府扶持，在新型农民合作经济组织等多元治理主体共同参与推动下，由起初的经济组织转变为农村政治及农村社会的参与者，从旁观者变成了乡村治理的"舞台主角"。不管是从产业类型和组织化程度来看，还是从服务内容、带动能力及其成效来看，农民合作社都是不可或缺的组织载体，为农民提供服务，利用农村优势资源推动村产业扶持项目，促进乡村产业持续发展，维护农民合法权益。在基层实践工作中，推行合作社与党支部、村组织、扶贫社、公司等融合发展模式，可以看到农民合作社的功能与新时代乡村治理水平呈现高度契合。

2.3.2 老年协会参与乡村治理

老年协会也是乡村治理中不可忽略的一种社会组织。明东村老年协会作为村里唯一自发组成的比较大的基层社会组织，在明东村的社会治理和乡村建设方面发挥着重要的作用。朝鲜族自古就有尊老敬老的优良传统，每个村里都有叫"老人契"的民间组织。所谓"契"，即指朝鲜自古传下来的旨在相扶相助的民间协同组织。朝鲜传统社会中契作为共同体组织广泛地存在于各个阶层中，与人类的生产生活息息相关，在社会发展过程中，随着生产力的发展而发展

---

16 涂丽.村庄组织对乡村治理的影响研究[D].中南财经政法大学，2019.

和变化。而且契对当时社会、经济、文化产生了深远的影响，在维持地域社会秩序和谐稳定起到了关键作用。而其对内职能和对外职能都指向相扶相助的共同体意识。朝鲜移民移入到中国以后，因为国籍、身份、地权等诸多方面的不确定性，更是需要一种自主、自愿、自律的相扶相助共同体组织，于是在民间上，各种不同的"契"应运而生，按其目的和功能，可分为如下几种：一是以村里的公益事业为目的的洞里契、学契、松契、堤堰契等；二是以相扶相助为目的的婚丧契、宗契、劳动契、农契、牛契、裸负商契等；三是以社交为目的的同甲契、老人契等；四是以金融为目的的储蓄契、殖利契、与富契等[17]。中华人民共和国成立之后，虽然各种"契"文化大为褪色，但老年契、老年组织仍以不同的形式活跃在各个村里，成为乡村最基层的民间组织。

明东村老年协会成立于20世纪90年代，成立初期，老年协会的主要活动为组织老年人参加健身、文体、打麻将、打画图、打牌等娱乐性活动，随着村务治理的正规化，老年协会也承担起清洁家园、美化环境、文艺演出、护林防火、调解民事纠纷、互助和谐等一系列社会活动，由娱乐型逐渐转化为服务型、公益型、互助型的乡村社会组织，成为政府老龄工作的得力助手，在服务广大老年人以及推进文明乡风建设、构建社会主义和谐社会中发挥着积极作用，深受老年人的欢迎，同时村党支部和社会各界也对他们有很高的评价。具体而言，明东村老年协会在乡村治理中的作用的主要表现在如下几方面。

17　朴京花，朴今海."生活化"：朝鲜族非遗保护与可持续发展路径研究[J].北方民族大学学报（哲学社会科学版），2019（03）:88-94.

首先，拓宽村民利益的表达和维护渠道。发挥"老有所为"的作用，成为村两委的参谋助手。老年人在乡村生活时间长、比较了解当地风土人情，具有发言权的优势，他们利用自己的优势在调解纠纷、扫黑除恶、维护社会秩序、建设基础设施、引进产业项目等乡村建设发展的方方面面发挥着显著的作用，成为党和政府与老年人互相沟通的桥梁和纽带，能够拓宽村民利益表达和权益维护渠道、增强村民民主意识和参政能力、维护乡村社会稳定和推动乡村政治文明建设。有了老年协会组织，乡镇政府与村两委等领导在老人节等传统节日召开老年人座谈会等活动，介绍乡村建设进展情况以及一些日常村务，听取老年人的意见和建议。当然，老年人也会积极反应一些侵权行为或自己遇到的不顺心的事情。很多老年人都说：老年协会是我们"家"，有了这个"家"，与领导干部接触的机会多了，反映问题和解决问题更方便容易了。前几年发生的追回土地使用费一事就印证了这一点。

案例1：土地所有权纠纷

2021年明东村第六村民小组的村民PSZ(朝鲜族，1940年生)的哥哥在城里治病去世已有两年多了，按道理来说，村民去世了就得马上把死者名下的土地归还给村里，成为集体经济或者给新出生的孩子重新分配的，但是村民PSZ两年多来一直瞒着大家，没有向村里告诉哥哥死亡的事实，也没上缴土地，却把土地私自出租给到明东村租种土地的外地人王某。后来村民们通过其他渠道打听到此事，并找到村民PSZ家里理论，结果发生了争吵。老年协会会长，还有几名会员一起急忙赶到村民PSZ家里时，双方已经吵得面红耳赤，场面很难看了。老年协会会长出面说道，"老P，你这样是不对的，把集体土地占为己有是犯法的。有什么难处你可以跟大伙儿说说或者向村里反映都可以呀……"。在老年协会会长的耐心说服之下，PSZ才不好意思得开口道，"说真的，我也有苦衷，你说我哥哥两个孩子都在国外，好像也没挣着钱自己生活都困难，我哥哥住院期间所有医疗费还有办葬礼的费用他们分文不出，都是我自己掏的。你们也知道我的情况，我自己也身体不好，也没有经济来源……哎，其实这两年的土地出让金还远不够医疗费呢。"老年协会会长接着说道："你的难处我们能理解，但是这是集体土地，你必须得上缴，要不就犯法了。经济方面的问题我们再想想其他办法，这两年的租金等你有钱的时候慢慢还吧"。PSZ最后知道了自己单纯想法的严重性，很诚恳地跟大家道歉，村民们也都接受他的道歉。事情快调解完的时候，到市里开会的村长和纠纷调解员也闻讯赶来，一看事件在老年协会的调解下圆满和谐地解决了，他们也了了一桩心事。事后，PSZ联系哥哥的两个孩子把两年的土地出租款都上缴到村部。

其次，维持乡村社会稳定，推动乡村政治文明建设。受几千年封建传统的影响，处于传统乡土社会中的农民往往更习惯于用"礼治"而不是"法治"来维护。明东村老年协会作为农民自发组成的社会组织，依靠其威信和普遍约束力，有效调解农民纠纷和家庭矛盾；传统节日，组织举办各种形式的文体比赛活动及民间的传统娱乐活动；主动引领美好庭院、干净人家等评选活动；成立老年义务清洁队，专门负责村内主要街道及小区的日常保洁工作，确保路面无垃圾、无堆积物等。这些活动能够引导村民在日常活动和社会交往过程中形成行为规则，为乡村社会秩序构建和乡村治理提供合作基础。明东村四面都是山，防火工作尤为重要，而老年协会承担了这项工作，助力防火工作。在村委会的组织下，老人与负责明东村防火工作的WAS一同组建了防火工作小组，老人们每天敲锣警示，在开展日常主题活动的同时，不断进行防火安全教育，加强人们的防火安全意识。

再次，充分调动了老年人自我管理、自我服务的主观能动性，成为乡村老年人"老有所学、老有所乐""夕阳无限好"的阵地。对于党的各项方针政策和时事政治也是老年人比较关心的事情，老年协会定期组织学习和宣讲，积极宣传并贯彻实施《老年人权益保障法》，切实保护老年人的合法权益。对会员家里大事小情也体现出老年协会的关爱，比如会员生病时必访，会员有生活困难问题时必会探访慰问，发生邻里纠纷时帮助调节，会员离世时送去花圈或帛金。有了老年协会这个组织，老年人就有了可以聚在一起交流、学习和进行娱乐活动的场所。因此，参加组织文体活动的老人越来越多，孤独失落的老人就越来越少，重视集体荣誉，乐于奉献的越来越多，闲来无事背后谈论是非的越来越少，活跃了老年人的身心，增强了广大老年群众的获得感、幸福感、安全感。很多老年人发自肺腑地说：有老年协会的关心，我们安心多了。

现任老年协会会长HSN负责老年协会已有11个年头了，在本村享有较高的声誉和影响。提起老年协会的作用H会长深有感触地讲道：

我们村的老年协会是55岁以上村民可以自愿参加的，现在老年协会有88名成员。由于青壮年都去韩国打工，剩下的基本上是老年人，老年协会的作用显得更加重要。协会不仅仅是老年人娱乐健身聊天的地方，更重要的是村里的环境美化、下情上传、突发事件处理、老年人自我管理自我服务、红白喜事、节庆活动等等，都是通过老年协会去完成的。当某个老人生病时，老年协会会组织慰问，请医送药，对一些卧病不起的老人，老年协会也会定期派人上门探望。去年也是，冬天过年的时候，我们农村冬天没事互相串门，组织几个人一起玩画图打麻将。不知怎么搞的，平常最积极的前面金大爷好几天没踪影。我们几个过去一看，原来是患了重感冒。他家子女都在韩国，身边也没有亲属，没办法是我组织几个老人轮班照顾他，给他买药、做饭洗衣，一直到老人病完全好为止。

(HSN，女，朝鲜族，1953年生，老年协会会长，2021-01-17，在老人家里)

图2-8 采访老年协会会长 摄于2021年1月

从上述老年协会活动中可见，老年协会不仅仅是满足老年人健身娱乐等需要的民间娱乐组织，更是一个社会组织，通过老年人协会积极参与村庄经济社会活动，一方面维护老年人合法权益，维护良好的乡村社会秩序，另一方面协助村"两委"完成上级乡镇政府交给的各项任务，做好各利益主体的沟通协调，是当今朝鲜族乡村社会治理中的一道靓丽的风景线。从某种意义上讲，老年协会为参与村民自治奠定了组织基础，是乡村经济社会与党和上级政府联系的纽带和桥梁，是服务乡村治理的有效组织形式。

2.4 乡土精英：乡村治理的引领者

2.4.1 本土精英的引领作用

"精英"一词，是从19世纪末20世纪初开始在社会科学领域中使用。马克斯·韦伯把精英界定为"那些具有特殊才能，在某一方面或某一活动领域具有杰出才能的社区成员，他们往往是在权力、声望和财富等方面占有较大优势的个体或群体。"[18]我国学者全志辉认为"在小群体的交往实践中，那些比其他成员能调动更多社会资源、获得更多权威性价值分配如安全、尊重、影响力的人，就可成为精英"[19]。随着"精英"一词的广泛使用，该词也应用到农村问题研究之中，许多学者都对其进行了概念界定。其中，贺雪峰认为，乡村精英是指"在村中掌握优势资源的那些人，因为掌握优势资源，而在村务决定

18　[德]马克斯．韦伯.韦伯作品集（III）[M].桂林：广西师范大学出版社，2003：90.

19　全志辉.农民选举参与中的精英动员[J].社会学研究，2002（01）:1-9.

和村庄生活中，具有较一般村民大的影响"[20]，王汉生则认为乡村精英是"在农村社区生活中发挥着'领导、管理、决策、整合的功能'的人"[21]。

乡村精英治理就是指那些个别或少数精英在乡村公共权力结构中居于支配性地位，主导和控制乡村治理的运作过程[22]。近年来，我国乡村治理社会化明显提升，已经成为乡村治理的一大亮点。明东村乡村治理的社会化程度比同镇的其他村庄相对高，除了村"两委"以外，乡贤、致富能手、外来创业者等在乡村治理中发挥重要甚至主导作用，乡村精英之间的互动与联合决定了乡村治理的基本面貌。一方面乡村精英是乡村公共性的培育者与维系者，而乡村公共性是乡村社会的凝聚力之所在，另一方面乡村精英可以协调乡村发展与入驻乡村企业的关系，实现企业和乡村良性互动发展。

就明东村而言，精英的带头作用主要体现在返乡精英发挥的示范带动作用。返乡精英具有丰富的社会阅历和充裕的资金，他们利用这些优势，并结合本村经济社会实际情况，创造出一套因地制宜的新型治理模式，不断导入制度并推动制度创新，对农村经济快速发展，具有重大的现实意义。XCH1996年毕业于延边财贸学校，毕业以后先后到青岛、韩国务工。2016年返乡以后，眼看明东村没有一项像样的扶贫项目，而且村里的地大部分由外地的农户租种，当地的农民除土地租金之外没有其他收入来源，第二年他率先争取脱贫

20 贺雪峰.新乡土中国[M].桂林：广西师范大学出版社，2013：159-160.

21 杨善华.家族政治与农村基层政治精英的选拔、角色定位和精英更替——个分析框架[J].社会学研究，2000（03）:101-108.

22 卢福营.乡村精英治理的传承与创新[J].浙江社会科学，2009（02）:34-36.

项目贷款100万，买61头牛，并在此基础上，流转长财村(现在的4组5组)的260垧土地和外地农户手中的土地，2018年自己种了53垧，2019年种了75垧，2020年种了90垧土地之外，其余土地流转给本地的汉族农民耕种，防止"肥水外流"。XCH还担任明东村的报账员，他工作认真负责，对村里的集体经济收支、各项财产都记录得清清楚楚、管理得井井有条，深受村民们称赞。"在XCH的帮助下，我们也走上了致富路"，谈及乡村建设，明东村的村民们如是说道。虽然没有显眼的勋章在身，但村民们口口相传的佳绩就是对XCH最好的表彰和认可。

乡村精英不仅扮演者乡村振兴、脱贫致富中的领头雁、顶梁柱角色，而且以其道德上的号召力和人格上的感化力，在维持村庄公共秩序正常运转方面扮演着国家政策执行者及村民利益维护者的双重角色。他们坚持创新发展"枫桥经验"，把非诉纠纷解决机制挺在前面，使农村矛盾纠纷得到了和谐便捷化解，有力维护了农村社会稳定和促进乡村振兴。案例2便是明东村本土精英化解村民矛盾纠纷的典型一例。

案例2：土地承租价格纠纷

随着土地承包制的实施，农村社除了传统的婚姻家庭纠纷、邻里纠纷和债权债务等纠纷外，还出现了围绕土地的各种新类型的纠纷，主要包括改善居住条件引发的宅基地使用权纠纷，土地承包流转等关系引发土地承包经营权纠纷、农村土地承包合同纠纷等。由于明东村大部分朝鲜族青壮年选择了出国劳务，留守的老年农民无法耕种土地只能转租给外来户，这些外来户就是承租这些出国农民和年迈老人的土地，做起了大规模种植业。明东村大部分种植的是玉米，随着近几年玉米市场价格稳步上涨，明东村的大部分土地的承租价格也跟着水涨船高。由四五年前的4000元/公顷，一路涨到5000元、6000元，到了2023年初已经涨到7000元/公顷。明东村3组村民JCH(朝鲜族，1980年生)四年前以3500元/公顷的价格把家里2公顷转租给外来户XLQ(汉族，1973年生)后就跟父母一同去韩国务工。当时因为考虑到自己家地的位置比较偏远，而且当时也着急出国，所以就比市场价格低于500元租给他们了。当时签了5年合同，但是合同里面也写明了今后这个价格是可以按照市场价格浮动的。今年年初，合同也即将满四年了，在韩国的JCH偶然从其他村民那里听到明东村现在的土地价格，于是就和承租他家土地的外来户XLQ取得了联系，与其协商能否适当提高土地承租价格。但外来户XLQ知道村民JCH在国外打工一时半会儿回不来这个弱点，一会说现在价格并没这么高，一会又说你的土地位置不好而且都是处山坡上，要不是像我这样大户根本没人租你的地等等理由来拒绝涨价。村民JCH因为身在韩国只能干着急，一时半会儿也找不出好的办法。最后在村民的提醒下还是找到村书记XCH说明了情况，村书记马上爽快地答应替他出面解决。村书记找到承租人说明了在外村民的请托事项，例举了今年明东村涨价后的土地租让价，按市场价格村民JCH的土地再不好也能收6000元/公顷，协调双方从长计议。经过几次反复协商，双方终于达成了按6500元/公顷的价格转让土地的合同，不仅村民JCH非常满意这个价格，而且外来户也愿意继续承租，双方又约定五年合同期满后，承租方还可以继续优先承租该土地。

诸如案例2的土地纠纷、邻里纠纷、婚姻家庭纠纷在农村比比皆是，民事调解在乡村治理中所发挥的作用尤为重要。作为乡村的实际管理者，乡村精英为恢复和强化乡村权威与秩序，维护农村社会稳定和国家政权的正常运转，确立社会主义价值观发挥着重要作用，越来越成为推动乡村治理创新、探索与改善乡村自治的重要载体。

2.4.2 外来创业精英参与

乡村精英除了上述的本土精英以外，还有以优秀的外来务工人员为代表的"外来创业精英"。外来精英虽非本土村民，但在乡村投资兴业，乡村事务对其事业发展有重要影响，使这些外来创业精英有能力也有意愿参与到乡村治理之中。明东村的代表性餐饮业是尹东柱文化主题公园露营。露营地内设有帐篷露营区、户外烧烤区，主要经营者是外来精英YFY。据笔者调查，他们一方面承包明东村的餐饮业，精英咖啡厅、露营、饭店以外，另一方面对之所在地区的社会治理也表现出极大的参与意识。YFY向笔者介绍道：

这个地方特别好，有深厚的朝鲜族历史文化底蕴，有名人故居，有山有水，地理环境也好，离市区不远，夏天景色优美，空气也好，村民淳朴。这里没有一家锁门的，都是夜不闭户。这个村里，一不锁门，二不丢东西，三漫山遍野都是牛羊，没有人偷，村民都特别淳朴，所以我们就决定要到这里来投资干事业的。我们几人是2018年总投资600万元，做了民宿、露营、餐饮业。近三年利润不多，特别是受疫情的影响，去年几乎没有接待过韩国游客。尽管如此，我们还是非常看好明东村的未来市场。明东村的民宿、露营、餐饮业一般5～10月之间游客集中，现在的话主要是国内游客。我们雇佣的服务员都是当地村民，给村民提供创收的机会，大概月薪3000元。因为我们投资在明东村，所以我们和明东村可以说是命运共同体，我们也是新明东人呀。因此，我们也非常关注明东村的发展，也积极参与明东村的各项活动。今年的老人节也是，我们主动地向村主任提出，由我们来承办老人节活动。这样，从节目的编排到购买奖品，还有中午的用餐等，活动从头到尾跟老年协会商量，我们的目的一方面就是让老年人生活充满乐趣，过上幸福快乐的节日，另一方面我们也为明东村有所作为。

(YFY，女，朝鲜族，1970年生，2022-08-13，在明东村主题公园露营地)

图2-9 2022年老人节庆祝现场　摄于2022年8月

外来精英拥有丰富的社会资源，可以有效整合乡村内外资源，改变民众在资源分配中的弱势地位，增强乡村治理的社会力量，是乡村治理内生性秩序的基础力量[23]。他们不仅为村民创造了部分就

23　丁明秀. 从失序走向有序：乡村精英推动下的乡村治理[J]. 社科纵横，2020(04)：66-69.

业机会，更带来了新颖的经营管理方式，给长久以来沉寂的乡村带来了久违的生机和活力，为乡村社会发展注入了新鲜血液，为乡村经济发展探索建立了新型模式。从明东村实践来看，乡村精英具有先进的思想观念，能够学习并贯彻执行党和国家的方针政策，把准正确方向。在乡村经济发展过程中，乡村精英凭借自身技术和资源优势，结合市场经济发展情况和当地实际情况，提供技术和资金支持，帮助村民适应当前市场经济快速发展与转型。任何一个组织，如果不是由精英组成或由精英主导的群体，我们很难想象他们能意识到群众有着无穷的智慧和力量[24]。

当然，因为环境的落差、对创业地人文风俗习惯的不了解以及创业者本身的综合素质差异，一些外来精英在乡村创业的过程中也会出现"水土不服"的问题，甚至出现一些破坏生态环境、扰乱村民生活、对村民不尊重、与村民发生冲突等现象。明东村代表性餐饮业——尹东柱文化主题公园露营经营合伙人之一的JJW就是其例。如前所述，JJW与合伙人YFY一起，自2018年起对明东村先后投资近600万。他们起初还能按照合同约定规范经营，对村民也比较毕恭毕敬。但后来，随着经营的露营地越来越步入正轨，生意也越来越有起色，JJW未经村委会的同意就随意砍伐露营地的树，把餐厅的各种垃圾胡乱堆放，长期不进行垃圾清理，车辆随意占道，高分贝的音响经常震耳欲聋。这不但对村生活秩序造成不良影响，也造成了严重的环境和噪音污染，对此村民们意见很大。村委会多次找上门去，善意提醒和教育，但JJW置若罔闻，可谓屡教不改。

---

24 潘登，邵会廷. 人民主权原则下的农村精英治理[J]. 经济研究导刊，2013(32)：57-60.

2019年夏日的某一周末，天气晴朗，风和日丽，露营地来的客人特别多，一群小孩们聚集在露营地附近玩耍。此时露营地职员从车上搬运货物时撞到了也在露营地道边玩耍的村书记的小儿子，当时在现场的JJW居然不问孩子伤情熟视无睹地扬长而去。目睹整个事情经过的村民怒不可遏，直接就找他评理，双方大吵了起来，还差一点动起手来。JJW大言不惭地声称这是他和孩子家的事情，别人管不着。回忆起当天的事情，村书记说"小孩其实就是皮外伤，当时白天小孩没事我们也没太在意，考虑到自己作为村书记的身份也是想大事化小，小事化了，只是想听听他的解释，再让他和村民道个歉就算了。我估计白天的话他也忙生意，没时间过来，到晚上他总得露个面，过来问候一声吧？没想到作为老板JJW这小子到了晚上也没个影。不管是谁家的孩子，你们的职员撞了人，你最起码也得到孩子家里问问小孩情况，这个是做人起码的道理吧？何况这孩子还是我村书记家的小孩，连村书记都不放在眼里的人，可想而知今后他对村里的普通村民和老人会是什么样的态度。对村民没有起码的尊重，只盯着自己的那点小利益，这样的人对村里的发展能做出什么样的贡献呢？"。此事一出，村民们反映强烈，村委会也多次找JJW谈乡村创业中必须遵守的注意事项及职业道德。没过多久在村委会的压力和村民强烈的反对下，加上他们合伙人之间内部也一直存在矛盾，JJW终于顶不住压力，退出了露营地的经营。现在主要经营者YFY找了其他合伙人，新加盟的合伙人不像JJW那样蛮横和自私自利，他们现在也比较遵守合同的约定，而且入乡随俗，尊重村里的老人，也积极参与乡村治理，赢得了村民们的支持。

第三章

东北边疆民族地区乡村治理的成效

近年来，我国农村地区扎实推进乡村发展、乡村建设、乡村治理重点工作，不断探索完善党建引领、多元参与、齐抓共管的社会治理新格局，推动乡村振兴取得新进展、农业农村现代化迈出新步伐，乡村治理体系和治理能力现代化方面成效显著，乡村基本公共服务得到显著改善，乡村社会保持和谐稳定，广大农民的获得感、幸福感、安全感与日俱增。

3.1 乡村治理物质基础得以夯实

3.1.1 经济增收快速，特色产业百花齐放

改革开放后，中国共产党始终把解决好农业、农村、农民问题作为全党工作的重中之重，通过发展农村经济，将对社会主义的认识

提升到一个新高度。邓小平同志曾经指出："根据我们自己的经验，讲社会主义，首先就要使生产力发展，这是主要的。只有这样，才能表明社会主义的优越性。社会主义经济政策对不对，归根到底要看生产力是否发展，人民收入是否增加。这是压倒一切的标准。"[1]基于此认识，党和国家开始"以经济建设为中心"为中心，强调"各项工作都要服从和服务于这个中心。只有牢牢抓住这个主要矛盾和工作中心，才能清醒地观察和把握社会矛盾的全局，有效地促进各种社会矛盾的解决。发展是硬道理，中国解决所有问题的关键在于依靠自己的发展。"[2]进入新世纪之后，党和国家进一步注重解放农村生产力，促进社会主义新农村建设整体向前推进，特别是在党的十九大报告中将"产业兴旺、生态宜居、乡风文明、治理有效、生活富裕"作为今后农村发展的指导方针，未来乡村的振兴需要建立在农村生产力的不断解放与发展的基础之上。因此，中国共产党通过解放和发展生产力，推动我国经济保持高速增长。

近年来，明东村坚持以习近平新时代中国特色社会主义思想为指导，深入学习贯彻习近平总书记关于"三农"工作的重要论述、关于中国农民丰收节的重要讲话和重要指示批示精神，坚持把实施乡村振兴战略作为"三农"工作总抓手，扎实推进各项重点工作，全面促进农业高质量高效、优化产业布局、乡村宜居宜业、农民富裕富足，农业农村经济发展取得了显著成效。

明东村的支柱产业是农业，主要种植水稻、玉米、大豆等传统农作物。现今，明东村在村村民大多数老年人，无力自己亲自参与农

---

1   邓小平. 邓小平文选(第2卷)[M]. 北京：人民出版社，1993：311-314 .

2   江泽民. 江泽民文选(第2卷)[M]. 北京：人民出版社，2006：15-16 .

业生产，大部分土地都是出让，所以村民的主要收入来源是出让土地的租金。目前，村民旱田承包租金收入大约4000～7000元/公顷。鉴于明东村劳动力流失严重的现状，明东村除传统农业外，聚焦特色产业，加快种植业和养殖业的规模化、标准化、产业化建设步伐，使得特色产业"百花齐放"。2015年(未脱贫时)贫困户为188户，367人，贫困发生率为24.5%，其中低保户96户，168人。然而各治理主体努力下，2017年明东村就已退出贫困村序列，2019年全村建档立卡贫困户45户70人全部脱贫摘帽，2021年，农民年人均可支配收入达22320元，2022年人均收入再次创新高达到24860元。

乡村振兴，产业先行。如今，养殖已成为明东村走向乡村振兴的新的支柱产业，他们将特色养殖业做大做强，不断拓宽群众增收渠道。2020年明东村养猪农户1户，养牛户27户，羊养5户，养鸡42户，养鹅10户，养狗27户。养殖户的平均年龄为60岁，50岁以下的9人，51～59岁17人，60～69岁16人，70岁以上的12人，最高龄是84岁。明东村的养殖种类多样，但主要是以养猪、羊、牛为主。养殖业经营方式有两种，一种是自家小规模散养，另一种是大规模专业散养，专业养殖户主要养牛、猪、山羊，主要创业资金是自筹或国家的扶贫资金，养殖饲料主要是玉米和干草。明东村2018年养殖业总产值为470万元，比2016年的380万元增长23.7%。养羊700只，比2016年增长16.7%；养猪450头，比2016年增长12.5%。2018年养殖肉牛250头，比2016年增长25.0%，到2020年明东村养牛规模已达到400头以上。

表3-1 2021年明东村养殖情况表　　　　单位 头、只

畜禽名称	猪	牛	羊	鸡	鸭	鹅	狗
存栏数	255	815	934	689	18	50	76

资料来源：村委会提供

明东村最大养牛户XCH介绍道：

我是从小喜欢牛的，返乡以后2017年用扶贫款买下61头牛，靠着细心的照料和从外地学来的技术，第一年就赚了30多万。牛是这样的，生下来的小牛犊吧，有好的，也有不好的。因为我们是散养，所以公牛不能太多，就留1-2个特级种公牛，我们都是自然交配，公牛品质不好的话，生下来的小牛犊品质也不好，所以一般公牛只要过了6个月就会卖掉，只留品质好的。我们买的种公牛一头都得3万左右，买好的。只有优质种公牛，才能生出健康的小牛犊。12月买的牛，刚开始卖给二道贩子，后来卖到蛟河了。蛟河有一个大的牛市场，去蛟河卖虽然费点劲，但是每头牛至少能多挣1000元，所以我就雇了车去蛟河卖。拉10头去卖，然后用那钱买回来好牛。我拉过去的不是品质特别好的牛，所以一头如果卖1万，10头能卖10万，这钱只能买回来5头优质牛。像这样，每年来回换，把不太好的牛卖掉，买回来好牛。母牛不是一年生一次吗，一般比起冬天出生的小牛犊，初春生的牛品质更好。3月份生的小牛犊，我们5月就会把牛拉到山上，牛只要吃草了就长得快。我们会观察母牛，看看哪些母牛是春天繁殖的，也会观察哪些母牛生出来的小牛犊品质好，然后留下这些好牛，把不太好的牛拉去卖，换成品质好的牛。19头、23头、25头…每年都有小牛犊出生，最多的时候我家牛圈里

有了92头，我之前去镇里还和领导们说呢，我也参与了脱贫攻坚，这四年贡献了28万，也就是每年7万(养牛扶贫项目的利息)。每年7万这个数，说多不多，说少也不少。还有就是今年因为干旱，山上没有草，所以牛长的也不是很好，所以就决定卖了，当初44万买回来的牛，卖了85万，所以除了上交的28万，我还是挣了40多万。之后，村里又追加了100万元投资，以我的养殖场为基础，将养牛项目发展成扶贫产业，每年固定为贫困户分红。这一切，都归功于三农政策以及村里提供的舞台。

(XCH，男，朝鲜族，1978年生，村会计，2021-01-14，在明东村村部)

图3-1 XCH养牛基地 摄于2021年7月

乡村旅游产业是明东村特色产业的亮点。明东村拥有深厚的中国朝鲜族民俗文化底蕴，是中国朝鲜族教育发祥地，享有"中国朝鲜族教育第一村"的美誉。1997年，明东村以其尹东柱故居、明东学校遗址、明东教会遗址、宋梦奎故居、金跃渊墓地等历史资源被命名为县级重点文物保护单位，2007年和2014年相继被批准为市级重点文物保护单位和省3A级旅游景区，2020年被列入吉林省第一批省级乡村旅游重点村名录，2021年入选第三批全国乡村旅游重点村和省4A级旅游景区。为了更好地发挥明东村所具有的得天独厚的人文历史文化优势，明东村通过龙井市明东旅游发展有限公司运营的方式，在进一步挖掘明东学校、尹东柱故居等红色教育资源的同时，加大对旅游资源开发的投入力度，投资350万元建设4500平方米的文化广场和LED电子大屏幕一座、百年老宅、露营地、咖啡店、旅游产品体验店等旅游设施，新建了村内部旅游标识系统，修建了旅游厕所、游客中心、停车场、宣传营销系统、线下产品体验、土特产品店以及内部各项管理制度，积极开展吉林省星级乡村旅游区的创建工作，着力打造集生态休闲、民俗观光、乡村体验、红色教育于一体的乡村旅游示范点。明东村还成立了明东旅游开发有限责任公司，经营范围包括餐饮、住宿、旅游开发、活动策划等，整体提升了明东村旅游管理水平和服务质量建设运营现代农业生态休闲、非遗文化传承、朝鲜族特色民宿等旅游项目，疫情之前每年接待游客近8万人，旅游收入从2016年的24.6万元增至2019年的50.6万元。让当地村民在家门口吃上了"旅游饭"，旅游已然成为明东村产业振兴的重要增长极和农民增收的重要途径。村委会主任介绍道："2022年我们被评为'全国红色美丽村庄'，我们在明东学校后面建了一处龙井市红色展览馆，2023年即可以正常营业。这样一来，我们把旅游休闲和红色教育相结合，进一步整体规划，未来可发展的空间非常广阔。"在打造朝鲜族民族文化教育村和乡村旅游示范村品牌的道路上，明东村走出了自己的乡村振兴之路。

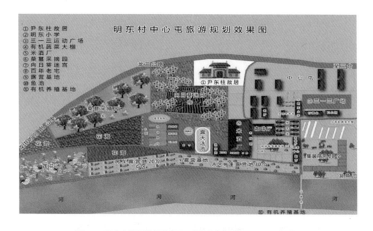

图3-2 明东村旅游规划图　村委会提供，2022年8月

图 3-3 新建的明东村红色教育展馆　摄于2023年1月

旅游业的发展，也辐射带动了民宿业、采摘业、餐饮业、种植业等相关产业的发展。如，明东村已经建起的民宿业以两种经营方式为主，一是本地村民租赁民宅经营的民宿。本地村民主要是租赁空余的民宅再进行装修后改造成民宿，租赁期一般为10年，租赁费按年交付，一年2000元。本地的民宿经营者QJA介绍道：

我和丈夫在韩国务工十多年，但孩子渐渐长大，为了孩子的教育我们不得不选择回国。我是从2018年开始在村里从事民宿业的，那时看到来明东村的游客比较多，我就通过村委会租了5个空房子，因为明东村大部分年轻人都在外地，空房子多。民宿客户一般5-10月之间比较集中，主要是州内龙井、延吉来的人多，家庭旅游多，还有同学聚会的也多，8月份是高峰期。我们这儿吧，因为地理位置比较偏僻，所以呢，我们只能得在价格上打造优势，比其他地方相比较价格便宜，民宿收费标准按人头收费，10人以上按30元/人标准。吃的东西可以由客人自带食材自己做饭做菜吃，也可以预订我们村里的土鸡、烤全羊等。我们村的特色是土鸡、土鸡蛋、烧烤和农家菜，反正都是我们朝鲜族的饮食。这几年受疫情影响，收入也减少了不少，每年除了给房主的2000元租金外，我自己只能赚2万-3万，之前的话一年净收入能达到10万元。我还解决了2名村民的就业问题，对村经济发展也起到了积极的促进作用呢……

(QJA，女，朝鲜族，1979年生，2021-03-13，在被访谈者民宿里)

图3-4 明东村朝鲜族民宿　摄于2021年3月

另一种是产业项目形式的民宿。一个是明东村驻村第一书记代言的投资600万元的维兰特精品民宿。驻村第一书记积极为明东村的旅游发展代言，先后发布朋友圈若干条和发布抖音短视频三部，宣传明东村的红色民俗乡村特色旅游，播放量近千余人次，收到很好的效果，2022年通过宣传和带动，使精品民宿收益近3万元，带动村民致富增收。还有一个是即将竣工的宁波夏雨雨人精品民宿，项目总投资5600万元，资金来源为东西部协作资金。主要新建民宿1座，辅助用房1座及其他附属工程。采取租赁的形式，每年可为村集体增收28.8万元，进一步解决3名就业、带动64名脱贫人口增收，助力明东村乡村旅游产业发展。1830平方米项目主体(接待中心)已全部完工，室外装修等工程正在有序开展，预计2023年五一前投入使用，接待游客。

图 3-5第一书记代言的维兰特精品民宿和建设中的宁波夏雨雨人精品民宿 2022年8月

2019年起，明东村根据本村土地资源与市场需要，得知芍药花不仅有极大的观赏价值，同时也有可观的经济效益，便选择土质较差的农耕地开辟芍药花种植基地。在村委会的引导支持下周边40余户将土地租赁用于种植芍药花，目前种植面积已达50公顷，带动了40余农户年均增收7000余元，种植规模逐年扩大。一支芍药花，成就一个产业。每年的开花季，明东村便开始热闹起来，周边游客纷至沓来，芍药花基地变成了旅游景点，不仅扮靓了乡村，还鼓起了农户们的钱袋子，村民们心里乐开了花。龙井市国有林场场长LC(朝鲜族，1985年生)介绍，"白芍药有'花相'之称，与牡丹并称'花中二绝'，花期5至6月，果期8月。芍药的种子可榨油供制肥皂和掺和油漆作涂料，根和叶富有鞣质，可提制栲胶，也可用作土农药杀大豆蚜虫和防治小麦秆锈病等。"靓丽的花海风景成为当地群众的名副其实的"致富花"。对新兴的特色产业，明东村的村长满怀信心与喜悦。

游客看的是风景，我们图的是钱景。这两年试种结果很好，既能吸引游客前来打卡游玩，提升旅游效果，也能增加农户的收入。据我们的市场调查，种植芍药花每亩收入可达1.5万元。其根部又是传统中药，具有平肝止痛，养血调经等功效，每亩收入达4000元，一举可图经济效益、生态效益和社会效益齐丰收。明年将引进21个品种的芍药，旨在打造明东芍药的地理标志品牌，进一步助农增收致富。

(XCH，男，朝鲜族，1978年生，村党支部书记兼村委会主任，2022-06-21，在明东村村部)

图3-6 明东村芍药花基地 摄于2022年6月

为进一步丰富明东村旅游产品，提升乡村旅游综合管理水平和服务质量，近几年村部还围绕乡村旅游"吃、住、行、游、购、娱"六要素，通过"田间风情、生态采摘、特色养殖、树林烧烤、亲子园。垂钓中心、旅游购物中心、农家乐餐饮、乡间民宿"等旅游体验项目，吸引不同需求的各种游客的同时，鼓励村民们打造诸如餐饮食宿、娱乐休闲、种养殖等特色旅游产品，要积极地给予正确的引导和有力的支持，让乡村旅游产品链得以继续拓展和延伸。

3.1.2 村级集体经济迅速发展

党的二十大报告指出，巩固和完善农村基本经营制度，发展新型农村集体经济，发展新型农业经营主体和社会化服务，发展农业适度规模经营。新型农村集体经济是在原有农村集体经济基础上的创新和发展，是产权明晰、成员清晰、权能完整的农村集体经济。在乡村治理中，明东村为持续推进乡村全面振兴、实现农民农村共同富裕提供坚实保障与赋予强大动能，充分利用扶贫项目，因地制宜地推动朝鲜族乡村特色产业发展，优化产业结构，发展壮大新型农村集体经济。明东村将发展壮大村集体经济作为深化农村改革的重要任务，与脱贫攻坚、基层治理和乡村振兴等工作紧密结合，与农村产权制度改革有机衔接，统筹谋划部署，强化措施落实。经过近几年的治理实践，明东村由昔日的集体经济"空壳村"变成远近闻名的集体经济强村，村集体经济收入每年均可达20万元以上。近三年集体经济收入更为可观，2020年加上元东水库补偿款76万元，集体经济收入达到了127.5万元，2021年村集体经济收入93.8万元，2022年集体经济收入为124.5万元，具体如下：扶持壮大村级集体经济效益50万、犇福肉业项目效益金13万、册外地收入3.9万元、兴边富民养牛1.4万、兴边富民养牛、围栏项目1.6万元、光伏产业项目效益金16万元、民宿产业项目效益金28.8万元、100万养牛产业项目效益金

4.8万、琵岩山采摘园效益金5万。集体经济的收入主要用于贫困户的饮水补贴、医疗补贴等各种补贴及公益性岗位的工资和村民委员会日常办公经费等。

表3-2 2017～2022年明东村集体经济收入明细表　　单位：万元

年份	2017	2018	2019	2020	2021	2022
金额	21.8	36.39	26.95	127.5	93.8	124.5

资料来源：笔者根据村委会提供数据整理

3.2 以文化人，文化建设成果丰硕

要想开展农村基层治理工作，就要健全自治、法治、德治相结合的乡村治理体系，其中对乡村文化的治理与建设工作是"德治"的重要组成部分。习近平总书记指出，乡村振兴要物质文明与精神文明一起抓，要注重提升农民的精神风貌，要繁荣兴盛乡村文化，必须加强农村公共文化建设，并将文化振兴作为乡村振兴五大布局之一[3]。乡村文化与城市文化相比更加侧重乡土意境，不仅包括乡村传统建筑、特色饮食、农耕器具等物质文化方面，还包括价值观念、处世态度、交往原则等抽象无形的内容。其中抽象无形的乡村文化暗含着治理精神，对农村基层治理有着潜移默化的影响，通过在乡

3　习近平李克强王沪宁赵乐际韩正分别参加全国人大会议一些代表团审议，人民日报，2018-03-09.

村社会塑造一种社会价值共同体，凝聚村民的情感，从而不断实现乡村基层治理目标[4]。近几年，为了提升乡村治理质效，明东村牢牢把握文化建设这一重要抓手，以文化人，以文养德，在民族文化建设方面取得了显著成绩，为深入实施乡村振兴战略提供坚实保障。明东村先后被评为"中国传统村落""国家级特色村寨""省级精神文明单位""中国美丽休闲乡村""延边州朝鲜族传统村落"等荣誉称号。中央电视台7套、吉林电视台、延边电视台、中国旅游报等媒体都对明东村旅游进行了专门介绍推荐。

3.2.1 文化引领地位更加凸显

农村文化建设直接影响着农民的思维方式、生产方式和生活方式，加强农村文化建设是文化发展的本质要求，也是全面推行乡村振兴题中应有之义，是全面推进乡村振兴的重要举措。核心价值观是最持久最深沉的力量，是决定文化性质和方向的最深层次要素。为了凸显社会主义核心价值观，充分发挥文化的引领作用，明东村一是将社会主义核心价值观融入美丽乡村建设，村落的自然风貌、建筑风格、农耕器具、手工艺品、民族服饰等都是乡村文化的物质载体。建设美丽乡村，明东村坚持遵循乡村外在形象和内在精神的有机统一，以田园生产、田园生活、田园生态为核心，保留原汁原味的乡村风情和文化质感，留住"乡愁"乡韵；同时，在村庄规划、村落布局、村容整修等过程中，将社会主义核心价值观融入其中，

4　金绍荣，张应良.优秀农耕文化嵌入乡村社会治理：图景、困境与路径[J].探索，2018（04）:150-156.

渗透到老百姓生活的方方面面，以"美丽乡村"建设为载体，推动社会主义核心价值观进乡村。二是构建村规民约等制度时，把社会主义核心价值观融入其中，强化制度约束，将传统家规家训和乡规民约与时代精神紧密结合，制定弘扬社会主义核心价值观的新家训、新村规，并将各项工作落细、落小、落实，使社会主义核心价值观外化为农民群众的自觉行动，使农民群众心有尺度、行有准则。三是将社会主义核心价值观融入农村精神文明建设。当前乡村文化发展存在一些庸俗文化以及重利轻义思想等"负文化"现象，因此，需要强化乡村基层党组织的示范、引导作用，加强乡村居民的思想道德建设，积极培育和践行乡村文化的社会主义核心价值观。通过文明家庭、美丽庭院、干净人家等评比方式，引导广大农民群众积极参与乡村精神文明创建活动，使他们潜移默化地接受社会主义核心价值观的熏陶，提高乡村社会文明程度。利用乡村村民活动中心、休闲文化广场等思想文化阵地，引导农民群众形成文明生活方式，大力营造风清气正的淳朴乡风，为乡村振兴提供更加强大的精神动力。焕然一新的村庄、干净整洁的道路、丰富多彩的村庄文化……在明东村，文明新风正吹遍每一个角落，乡风文明正内化为村民的自觉行为，一幅美丽文明和谐的新农村画卷正徐徐铺展。村民PSZ对笔者讲：

现在村里的卫生、社会秩序基本上是靠村民的自觉行为。因为村里定期开展文明家庭、美丽庭院、干净之家等精神文明创建活动，逐户打分考核，评选若干户美丽庭院、干净人家，并给予一定的物质奖励，所以大家都非常重视，一时也不能怠慢。你要是稍微消极和懈怠，就会落到不合格之家，不仅丢人现眼，而且拉人家的后退。现在我也是，每天早上起来，第一件事就是打扫院子和周边的村路，然后把家里的垃圾分类装好，投到门口的垃圾箱里。我老伴则负责屋里的卫生，她也是这方面的能手，每次村里的评比中，都少不了我家，我家也成了村里的"门面担当"。

(PSZ，男，朝鲜族，1940年生，2022-08-03，在村民家里)

图 3-7 明东村评选出的干净人家、美丽庭院　摄于 2021年7月

在乡村文化建设中明东村坚持以社会主义核心价值观为引领，深入挖掘优秀传统农耕文化中蕴藏的思想观念、人文精神、道德规范，全面推进乡村文化振兴。明东村依托文化宣传、文艺汇演、农民讲习等多种途径深入开展社会主义核心价值观宣传活动，依托订立村规民约、家风家训，评选美丽邻里、干净人家等方式，积极探索社会主义核心价值观的教育载体。通过道德熏陶与文化活动的结合与渗透，将乡风文明渗透到农村居民生活的各个方面，使讲文明成为群众遵循的道德规范。

3.2.2 村民成为文化生活的主角

新时代，乡村文化建设需要基层政府、村级组织和农民群众等多元主体，而且各主体的诉求和行动逻辑并不一致。因此，需要采取合作共治的模式，各主体共同参与到乡村治理的工作当中，充分发挥各主体的积极性。对于基层政府来说，是服务于乡村治理，实现乡村全面振兴；对于村干部来说，作为国家代理人的村干部，实现农村治理；对于农民来说，其作用是提升中华民族认同感，铸牢中华民族共同体意识。为此，明东村村委会一方面基于其在政策宣传和主流意识形态培育等方面的优势和潜力，充分发挥政府文化宣传部门职能作用，另一方面从长计议，激发农村内生动力，将二者相互结合，努力实现优势互补，发挥好基层党组织在乡村文化宣传教育中的主力军和权威作用。

过去的乡村文化建设，往往是在压力型体制下实施的，即顶层设计政策后层层下达，并辅以各种绩效考核指标，完全把文化建设的主体——农民群众处于被动的劣势。自政府提出，推动文化产业发展，开展乡村文化活动以来，地方政府建起了文体活动室和农家书屋等文化场所，但形式单一，所摆出的书目与三农无关，群众反响并不好。究其原因，主要是因为地方政府的此举，是为了完成政府年度考核，所以没有对农民需求开展调查，这些文化活动并不是农民所需要的。而且，所开展的文化下乡活动，其演出内容和团体都是由上级部门指定的，农民也没有发言权，这种文化活动就忽视了农民这一主体的实际需求，导致农民在乡村文化建设中"缺位"，农民的话语权缺失，所开展的活动得不到农民的支持，活动没有真正惠及农民，自然无法提升农民群众的满意度。

为了提升农民的"主人翁"意识，切实提高农民大众的参与意识，真正让农民唱主角，明东村在开展文化活动时注意做到以文化人，以人为本。以人为本有两个明确的涵义：其一，以人为本就是以人民为本，要发挥人民在文化建设中的主体作用；其二，以人为本就是以人的全面发展为本，文化建设要更好地满足人的精神需求、丰富人的精神世界和增强人的精神力量[5]。明东村广场舞的普及就是一例。当镇政府要普及广场舞时，明东村村委会召集老年协会会长、妇女主任等事前调查人们对广场舞的需要，通过摸底，了解到村民对开展团体性文娱活动都有不同程度的认同以后，村委会责成老年协会，主动提供一些场地和设备，定期组织妇女干部进行文娱活动的培训，给文娱骨干适当奖励，从而对农村妇女闲暇时的文娱生活起到积极引导作用，让更多的村民成为文化生活的主角。

我们村的妇女们对广场舞的热情还是蛮高的。一开始的时候，人家都拿不定主意，相互观望，自从我们几个人开始在乡文化站辅导员的辅导下围在一起跳了之后，人慢慢开始增加。尤其是汉族妇女一开始积极性不高，为了动员他们，我们在舞蹈中也穿插一些汉族秧歌舞和汉族舞曲等，这样汉族妇女也参加进来。再说我们村里也非常重视，平常提供设备和场所，每当上边来客人检查工作或考察时，村里也让我们去表演节目。有的时候还发放辛苦费呢。现在农村农活也不多，闲暇时间比较多，平常邻里之间也没有多少来往的机会，到村部跳广场舞的话既可以锻炼身体，也可以增加感情，互通信息，我们是非常喜欢这种文化活动的。

（PMZ，女，朝鲜族，1946年生，原老年协会会长，2021-01-15，

5 　于平.建设文化强国：以文化人，先要以人为本[N].人民日报，2013-01-29.

在老人家里)

3.2.3 乡村文化产业潜力巨大，农村文化市场初现端倪

明东村是具有深厚历史底蕴的传统朝鲜族村落。目前，这里有尹东柱故居、明东学校旧址等数十座百年朝鲜族传统民居，其中县(市)文物保护单位3个，已公布登记不可移动文物6个、历史建筑26个、省级非物质文化遗产2个。民族乡村既是一个地理单元，又是一个文化单元。民族乡村作为乡村社会中最基本的文化空间，其文化建设与乡村发展之间有着密切关联。习近平总书记在十九大报告中强调："文化是一个国家、一个民族的灵魂。文化兴国运兴，文化强民族强。没有高度的文化自信，没有文化的繁荣兴盛，就没有中华民族伟大复兴。"[6]

明东村基于深厚的历史文化资源，抓住乡村文化之根，因地制宜，重点挖掘当地文化特色，充分调动本土的红色文化历史、优秀民风民俗、非物质文化遗产、乡村特色美食等文化资源，打造乡村文化产业，组织和开展各种民俗文化活动，增强文化自信，给乡村经济发展带来持续动力。

发展乡村文化产业，关键在于凸显"特色"。明东村注重当地历史文化与时代发展相结合，取其精华，去其糟粕，深入挖掘当地历史文化的内涵，在保持原生态文化的基础上，与现代技术相结合，让乡村文化焕发出时代感，在乡村文化建设中，将其融入进去，并与市场相结合，推动乡村文化产业的蓬勃发展朝气蓬勃的乡村文化产

---

6 文化兴国运兴 文化强民族强.经济日报，2017-11-02.

业。除原有的尹东柱故居、明东教会等历史建筑以外，明东村做好"文化+""互联网+"的文章，激发社会各界力量的参与热情，推动乡村文化产业发展与乡村旅游、现代休闲农业、特色产品、特色经济发展相结合，带动农村文化产业发展。

明东村始终将朝鲜族民俗文化视为艺术瑰宝，努力将朝鲜族民俗等地方性文化转变为产业，创造经济效益。自2018年端午节起，明东村每年组织了"明东村端午文化旅游节"节庆活动。活动主要由三项组成：一是开幕式，兼有一些专业团队的助兴文艺演出；二是由明东村招商的36家企业的商业活动加本地村民的朝鲜族美食制作义卖活动[7]；三是由明东村村民表演的朝鲜族农乐舞、踩地神、背架舞、数千等传统民俗活动和朝鲜族传统婚礼、朝鲜族花甲等传统文化展演，游客达三万人次。朝鲜族端午节旅游文化活动不仅拓展和丰富了明东村乡村旅游的内容，打造文化旅游品牌，而且更重要的是以百姓关注的题材为切入点，通过文字、音乐、舞蹈等形式使美好的乡音、乡情得以展现，使乡村文化作品更加聚人气、接地气，让村民看到朝鲜族文化的价值，吸引更多的村民积极主动地参与到乡村文化建设中。有了共同的追求和目标，就自然而然地培育出村民的共同体意识，进一步为落实乡村基层治理提供稳定的经济动力和牢固的思想基础。

7　吉林省交通运输厅.2018年明东村脱贫攻坚工作总结.2018-12-28.

图3-8 明东村端午节庆祝活动　村委会提供，2021年4月

3.3 基础设施日益完善，村容村貌焕然一新

3.3.1 乡村环境焕然一新，生活更宜居

习近平总书记作出"建设好生态宜居的美丽乡村，让广大农民在乡村振兴中有更多获得感、幸福感"[8]的重要指示，目的之一就是让农村

8　习近平近日作出重要指示强调建设好生态宜居的美丽乡村 让广大农民有更多获得感

居民在建设家乡的同时，望得见山、看得见水、记得住乡愁。"中国要美，农村必须美"，乡村是中华传统文化的根基，寄托着乡愁，凝聚着记忆。美丽乡村建设正是应该在遵循乡村发展规划的同时，留住乡愁。充分体现每个乡村的特点，将原本的风貌更好地保留、传承下去。乡村振兴既要经济前行，又要保持文化传承。乡村是中华传统文化的重要载体，乡土文化是中华传统文化的重要组成部分。

走进明东村，朝鲜族传统特色和现代化元素相得益彰，新农村气息扑面而来，很难与曾经的贫困村联系在一起。过去明东村基本上都是泥草房，因为跨国务工人员多，常年闲置的房屋无人居住变成危房，这些老旧房屋既存在安全隐患，又浪费土地资源，还影响村容村貌。村委会通过多种途径联系在国外的房主，完成了26户村民危房新建和修缮，使矮草房变身特色庭院，并拆除剩余废弃泥草房，让闲置土地"华丽变身"，使得土地资源也被盘活，助力脱贫攻坚，带领村民共同增收致富。老支书SJL说：

这几年的最大变化，可以说是房子了。除了那些有百年历史的古房子外，剩下的破烂不堪的矮草房全部拔掉，盖全新的朝鲜族砖瓦房了，而且家家都有室内卫生间，由旱厕改造成水厕，屋内设施一应俱全。我刚来到这里的时候，因为没有路灯，一到晚上周边是漆黑漆黑的，连个锁眼也找不到。现在的话，家家户户都是新房子，即便那些在韩国的人家也是盖新房子，出租给民宿经营者，能毫不费力坐收一年2000的收入。村里还安装太阳能路灯328盏，夜晚照亮街道和胡同，现在晚上回家、早上出门，我们再也不用摸黑了。还有，村主路两侧1500延长米绿化，栽植乔木1.5万余株、灌木

幸福感.新华社，2018-04-23.

3000余丛、草花5000平方米。反正这几年变化太大了，要数最大的变化还是村容村貌，老百姓的生活水平、住房、饮水都有改善。大伙齐心协力，争取扶贫项目，寻求资金支持。

(SJL，男，朝鲜族，1956年生，2022-08-03，在明东村村部)

图3-9 翻修的百年老宅　摄于2021年6月

3.3.2 铺就乡村振兴幸福之路

之前明东村没有像样的路，晴天是"扬灰路"，雨天是"水泥路"。经过近单位省交通厅的帮助下，实现明东村村屯路全部为沥青路和水泥路，覆盖率100%。交通基础设施建设项目总投资4520万元，其中，修缮龙井市至三合破损路面18公里；修建村旅游停车场2500平方米；新建水泥路4.5公里。旅游路路面改造工程，共1.32公里；修建新东立岩桥74.5延米；长财至明东村沿河旅游路1.1公里；明东村智新村沿河旅游路2.613公里，修建明南桥一座，方便了明东村村民日常出行；修建省干线服务区一座，其中，70平厕所，停车位25个，凉亭1座，路灯10盏；加宽道路400平方米。涵管50米；修建路边花坛，种植了景观树，新修长财屯的水泥路；新建田间的机耕水泥路5公里；修滨河路(长财至尹东柱故居)1.2公里；中心屯巷道2.6公里铺设板油沥青、屯与屯间和屯内道路硬化水泥路13条20.3公里、立岩桥和明南桥各1座、过水涵洞8处。

图3-10 明东村村容村貌　摄于2021年7月、2022年11月

3.3.3 农村人居环境大有改善

一是全面开展农村垃圾治理。农村人居环境矛盾最突出的就是垃圾带来的环境污染和"脏乱差"问题。村两委从组织领导、宣传教育、基础设施、运行模式、投入机制、考核奖惩等方面着手，全力推进村垃圾收集、转运、处置设施建设，出台垃圾治理奖补政策等实现保洁全覆盖，确保农村生活垃圾治理工作持续发力。2022年村两委组织村民参与环境治理580余人次，动用各种车辆、机械90余台次，清理村屯垃圾40余吨，整治闲置庭院30余处，清理排水沟2000余米。二是推进农村生活污水治理。针对不同地区，如水源地、河库地区、人口聚集区、旅游景点、高山人少等地区，分区分类施策。仅2022年一年投入220万元铺设污水管网2.4公里，积极推广低成本、低能耗、易维护、高效率的污水处理技术，鼓励多采用分

户粪尿资源化利用设备、净化槽、化粪池、生态湿地等适合农村特点的处理方式，有效解决农户生活污水随意排放的问题。三是大力推进厕所革命。厕所是农村人居环境最后的环节。用革命的方式倒逼农村人居环境的全面提升。2022年明东村安装水冲式厕所12户，旱厕改造38户，使用便捷清洁实用的设备，把农村的粪便资源化利用，减少化肥对土壤的污染；加大水资源循环利用，通过处理后的污水冲洗厕所或灌溉农田；厕所建设标准适当超前，多用乡土元素，加强通风，完善配套功能；新建厕所选址远近适宜，与周边环境和谐自然。

3.3.4 文化设施全覆盖，群众生活更多彩

明东村是中国朝鲜族教育的发祥地，也是延边启蒙教育基地，尹东柱故居、明东学校、朝鲜族百年老宅等历史文化遗产就坐落于该村。虽然有百年历史，曾经名人辈出，但是偏远的地理位置、破败的村貌让这里一度籍籍无名。近年来，明东村深入挖掘本村的历史文化资源，积极争取项目，着力基层文化基础设施建设。

为了打造尹东柱故居旅游景点，明东村在"诗人尹东柱故居"的道路两旁种满了李子树，取义"桃李满天下"。尹东柱故居的房屋也是保留了最原始的样子，两间房屋均已超过百年，定期修缮，现在仍保持完好。院子里面写满了尹东柱所写的诗词，这些诗词不知道勾起了多少人的回忆，触动了多少人的心房。2010年，明东村在市政府的支持下，复原了明东学校，2016年12月，把明东学校建成为吉林省首个村级历史博物馆；2014年建立尹东柱生平展示馆。

图3-11 尹东柱生平展示馆　　　　图3-12 复原的明东学校 摄于2021年1月

　　新建的4500平方米革命教育广场是近几年明东村文化设施建设中的标志性的建筑。投资20万铺设草坪4000平方米，广场景观灯24盏，投资25万新建广场大屏幕一个，为明东村群众了解党和国家政策提供了便利。2022年，投入19万元新建650平方米门球场一座，目前已投入使用，进一步保障了老年人健身活动正常有序开展，让更多老年人参加娱乐文体活动。

图3-13 革命教育广场及大门　摄于2020年7月

3.4 村民自治催生乡村活力

3.4.1 "说明会"——明东村村民自治的窗口

村民自治是我国在建设中国特色社会主义伟大实践中探索乡村治理所取得的重大成果，在维护乡村社会稳定、促进乡村经济发展、推动乡村基层民主政治建设等方面起到了举足轻重的作用。明东村着力探索村民自治的有效实现形式，坚持民主集中制，积极完善和健全村民自治制度，以自治为基础凝聚"共治合力"，提高村民"自我管理、自我服务、自我教育、自我监督"能力。

我国大多数边疆乡村面临着较严重的"空心化"问题，作为东北边疆民族乡村的明东村也不例外。明东村人口长期大量单方面的流出，导致村民自治组织找不到合适人选的尴尬境地，以及村民"原子化"带来的乡村的公共性不断衰落，乡村自治存在运行困境等问题。在村民自治实践中，为有效破解针对村民民主参与度低，村民参与意识缺乏等问题，明东村在全镇率先创新性地提出并推行了"说明会"，在"群众说、大家论、乡贤评"中，按照"有法依法、无法依规、无规依民"的原则，着力推动村民充分表达意愿诉求、开展民主协商议事、参与监督管理等自治活动，让村民对村务事事知情、心中有数的同时，真正实现农村民事民议、民事民办、民事民管的多层次基层协商格局，引导村民全面参与到实现群众自我管理、自我服务、自我教育、自我监督中，努力健全自治、法治、德治相结合的乡村治理体系，共同构建"共建共治共享"的社会治理新格局，增强群众的参与感、获得感、满足感、幸福感。

"说明会"作为群众化解各类矛盾纠纷的重要平台，有利于村民了解村务村政、调解家庭内部矛盾及邻里纠纷、化解个人恩怨，进而促进乡村和谐发展。在这一方面，村"两委"在说明会中或作为一种中间协调者的角色，或者作为监督的角色存在，当村民之间出现矛盾苗头问题时，将村民聚集到一起，让村民畅所欲言，面对面交流，及时处理和化解村民之间的矛盾纠纷，增强村民议事能力，不断推进村民参与乡村治理的自觉性和主动性。此举措还能够让村民在解决矛盾纠纷、民主参与中，增强凝聚力。同时，说明会还是村级事务决策形式的必要补充。从乡村治理的实践逻辑来看，群众自治性的组织是将村民组织起来参与村庄公共事务治理的最有效方式[9]，而说明会坚持"有事多商量、遇事多商量、做事多商量"，这种接地气的基层民主协商方式则更受当地村民的欢迎，极大地激发了普通村民参与热情。下面案例充分印证了"说明会"在朝鲜族乡村治理中的重要地位与积极作用。

图3-14 村民共同商议宅基地纠纷问题 摄于2021年3月

9　丁文，戴凯. 合作共治：三治融合视阈下的村民自治转型——基于W村的实证调查 [J]. 华中师范大学学报，2021(05)：1-11.

案例3：宅基地纠纷

明东村民风淳朴，邻里之间相处和睦，团结互助，村民之间很少有什么大的矛盾和纠纷。村民李大妈(LJZ，朝鲜族，1951年生)和金大爷(JZY，朝鲜族，1954年生)是邻居，一直以来相处得非常和睦，其乐融融。2021年省交通厅下来了给村里的农户修建围墙的项目。在具体的修建过程中，出于村庄整体规划和美观的需要，有些村民少许的宅基地就不可避免地规划到邻居家，结果李大妈的一点宅基地也划到了金大爷的院里。李大妈心有不平："起初在村里也就此事开过说明会，村民们基本上没有大的意见，所以我也就没有反对。村里现在大部分是老人，说实话大家有地也无法耕种，多个少个十几平方米也无所谓，但也不是没有计较的。我是看在村委会一直对我很关照的面子上，再加上他们也说了这是为了全村整体的齐整美观，当时也就没有反对并且无条件支持了。和老金这么多年的邻居，一直也关系这么好，也就没怎么计较吃亏的事情。可老金却一点都没有领情，不但没有一句谢语，连提都不提。我就跟他开玩笑说你占了我家的地，天上掉馅饼只知道偷着乐了，高兴的都忘了感谢我了吧？没想到他倒来劲了，说谁稀罕你家那点地呀？我又没啥用处，也不是我求你给我的，我感谢你啥呀？以后别拿这个事情跟我说事"。俩邻居就这么你一句我一句地吵了起来，以致互不来往。村委得知这个情况之后，召集相关人员开个说明会。在会上，老金也是一肚子委屈。他说"当初这件事情村里开了一次说明会，说修建围墙的时候，可能为了齐整或多或少有的家会吃一点点亏，当时大家觉得免费给修围墙是好事，也没啥意见。后来在规划测量的时候才知道她家的宅基地被划过来一点，当时也没当啥事。后来她嫌我没感谢她和我闹，我咋感谢她？我给她钱买地不成？巴掌大那点玩意也不值钱啊！再说这事也不是我定的，我凭啥低声下气地看她脸色啊！然后她总找我别扭，那我就更不爱搭理她，爱咋咋地，谁怕谁呀！"李大爷这边也是不吐不快，并不示弱。

在说明会里，村书记先在两位老人面前做了自我检讨："李大妈，金大爷，依我这些年对你们的了解，我知道你们都不是小气心胸狭窄的人，感觉你们之间没啥问题，没想到你们因为这件事闹得两家这么僵这么不愉快。归根结底这还是因为我们的工作失误造成的，是我们在宣传的时候没有做好解释说明工作，工作不到位，请你们原谅。这个是省里下来的项目，要求的时间有些紧，当时考虑到利用这个机会，也改变一下村容村貌，所以整体规划划线，让这个围墙建的笔直的话肯定更好看一些。要不然按照原来宅基地划线这个围墙整体看起来肯定是不好看是不？不但外人看着难看，咱们自己看着也别扭不是吗？村里面貌好不但咱们自己看着心情舒畅，外来人来咱们村咱也有面子。李大妈来之前我和老金先沟通过了，老金也没啥意见，李大妈你看这样行不？具体的你们再商量着来，有问题直接找我。说到底都是我们工作不够细致，没有做到位，事先说的不够明白，让你们好邻居之间产生了不该发生的误会，今天我专门来道歉，你们也表个态，从此不计前嫌，像从前一样好好相处好不？"在村书记和相关村民的调解下，李大妈和金大爷也都笑着说，"这样挺好！这样挺好！"，两家也重归于好。

3.4.2 村规民约助力乡风文明建设

古人有云："风俗者，天下之大事，求治之道，莫先于止风俗。"村规民约是村居民进行自我管理、自我服务、自我教育、自我监督的行为规范。近年来，明东村聚焦乡村基层治理，把村规民约作为推动乡村振兴的有力抓手，制定接地气、贴实际的村规民约，引导村民实现自我教育、自我管理、自我服务、自我约束，不断健全自治、法治、德治相结合的乡村治理体系，以规立德滋养文明乡风，不断提升村民文明素养，促进乡村和谐健康发展。明东村第一书记赴任以后首先带领"两委"着手推进村规民约的修订工作，通过7个村民小组会议讨论后定稿成型，由村民们签字确认后开始实施。新修订的明东村村规民约从依法治理、生态宜居、消防安全、乡风文明、邻里关系、婚姻家庭等方面对村民行为进行规范，形成了"众人事情、众人协商，大事不出村、有事好商量"的新局面。同时在奖励和补贴制度的基础上，设置了村委"红黑榜"，明确规定正负面清单，实行积分制管理，引导集体村民自我管理，自我约束，共同监督，形成比学赶超、遵规守约的浓厚氛围，以实际行动为乡风文明建设添砖加瓦。

明东村《村规民约》

为了将明东村建设成为精神文明和物质文明同步发展的社会主义新农村，经广泛征求意见和集体讨论，特制定并发布《明东村村规民约》。

1. 村内事务

第一条 党员和村干部以身作则，带头学习并积极宣传必要的法规政策，规范遵守和践行《村规民约》。

第二条 全体村民知法守法，以诚信为本，用实际行动履行《村规民约》，响应对本村有益的集体活动，远离邪教组织，坚决做到不涉赌、不涉毒、不涉黄。

第三条 对于村内的重大事项，必须群策群议，召开村民大会或者选举村民代表，经充分论证表决通过。

第四条 每个季度对村财务收支和村务工作情况进行一次公布，由村监督委员会和所有共同监督，对产生的异议和不同意见村委会要做出合理回应，如有必要提请全体村民开会再议，得出合理合法的结果。

第五条 村民委员会内设民事纠纷调解小组，本着团结为本，大事化小、小事化了的原则，积极化解村内产生的民间纠纷。

2. 集体资源管理

第六条 按照国家《土地法》有关规定，严格执行土地审批手续。未经许可任何人不得私自占用土地，接到举报后村两委要立即采取措施终止占用行为并启动追责。

第七条 宅基地、自留地、果树地等按法律规定确权，在集体空地或荒地上建的设施如已经通过正常审批并入册的，可得到法律保护，但没有经过审批在集体土地上私建的建筑和设施，视为非法占地乱建，村集体随时有收回的权利并依法进行处理。

第八条 村内道路及其附属设施占用土地的所属权归集体，村委会对集体土地和本村其它资产的管理要依法行事，因势力导地使用本村的自然资源，教育村民保护生态环境。

第九条 对于村民的建房需求进行合理的统筹规划，尽可能在原有的宅基地以及使用本村空闲的土地。

3. 社会治安

第十条 所有村民通过学习要懂法守法，法律面前人人平等，共同捍卫法律，坚决和一切不法行为和犯罪分子进行斗争。

第十一条 村民间友爱互助，和平共处，不寻衅滋事、恶意侮辱诽谤别人，禁止造谣生事，禁止制造是非。

第十二条 爱惜全村的公共财产，不破坏水电、通讯交通和用于生产的公共设施。

第十三条 禁止擅自乱砍乱伐林木、禁止破坏别人家的农作物和瓜果，对自家牛、羊、猪等牲畜要严加看管，犬只、家禽、牲畜要一律圈养，严禁散放于户外。

4. 消防安全

第十四条 加强野外用火管理，严防山火发生。凡村里发生各种山林、燎荒、村屯火灾和自然火灾，村民(妇女、儿童和老人除外)都要积极主动地参与扑救、救灾、抗灾，把灾害造成的损失降低到最低程度。

第十五条 提高每家每户的防火意识，用火后确认火灭了才能离开，对易燃易爆品禁止储存在户内和不安全地点对有火灾隐患的地方要定期排查，防患于未然。

第十六条 对全村室内外的电线定期排查，发现破损请专业人员进行更换和及时处理，不准私自到处胡乱接线和扯线。

第十七条 普及全村村民的用电安全知识，将少年儿童作为重点教育对象，使全体村民都具备良好的消防安全意识。

5. 村风民俗

第十八条 不搞封建迷信色彩的活动，发扬新时代的精神文明，打造风清气正的村风和民风。

第十九条 婚事新办、丧事简办、宴请不办，反对铺张浪费、反对大操大办。

第二十条 相信科学，不搞封建迷信活动，杜绝"黄、赌、毒"及私彩赌博现象，禁止参与"法论功"等邪教组织活动。

第二十一条 不拉帮结派，不搞家族利益唯上的团队，构建和谐平等的人际相处氛围。

第二十二条 共同维护全村的公共卫生，禁止随意堆放和乱扔垃圾和废弃物，设立定点堆放处统一处理，对影响村容村貌和卫生环境的行为严抓共管，把明东村建设成为清洁卫生的文明村。

6. 婚姻家庭

第二十三条 鼓励妇女参政议政。村民委员会成员中，确保有妇女成员，妇女村民代表应当占村民代表大会组成人员的三分之一以上。

第二十四条 只有女儿的家庭，儿女双全的家庭，子女结婚后无论是男方到女方家还是女方到男方家可自由选择。

第二十五条 耕地保护原则、土地的承包原则，作为基本原则，基本上三十年不变。从本村因结婚到新居住地生活的，如果在新居住地没有分得土地，无论男女，在本村的原有土地可以保留，直到他们在新居住地获得分地。因结婚来到本村居住生活的，无论男女，只有在原居住地分得的土地由集体收回之后，才有资格参与本村的土地分配。

第二十六条 婚出男女因离婚或丧偶，经所在组村民同意，报村民代表大会讨论，三分之二以上票数通过才可以将户口迁回本村并享受本村村民待遇(所带子女，以有效法律文书为准)。

第二十七条 杜绝重男轻女和男尊女卑的不良旧习。在家庭生活和社会活动中，夫妻双方男女地位平等，共同承担责任义务。善待妇女和老人、儿童，坚决反对家暴和虐待弱势群体行为。

第二十八条 对未成年人，父母有教养的义务，破除重男轻女的封建思想，一视同仁的善待女婴，严禁遗弃买卖女婴，善待老人，孝敬老人是子女义不容辞的义务，不得对老人有虐的行为。

第二十九条 居住在村内的空挂户，经所在组村民同意，报村民代表大会讨论，三分之二以上票数通过才可以享受本村村民待遇。

第三十条 凡是在明东村结婚并长期居住明东村的外来新婚夫妇不管是否已将户口迁入本村都要服从明东村计划生育管理。

7. 执行与修改

第三十一条 颁布的《村规民约》需要所有的村民共同遵守，其中具体条款的执行由村民委员会负责。在遇到矛盾和纠纷的时候，由村委会出面，先行用调解的方式解决，协商无果的情况下，组织召开村民代表大会表决，表决结果可作为最后的裁决，但这一结果须建立在合法的基础之上。

第三十二条 对于不遵守《村规民约》的行为，根据触犯程度的轻重，村委会要采用适当的方式妥善解决。在自我检讨、警示教育、主动道歉的基础上，该赔偿的赔偿，情节严重者该罚则适度进行罚款。

第三十三条 村民委员会在有百分之二十以上的村民联合签名或者

村民代表达到三分之一以上联合签名时，可以提议对《村规民约》进行修改或补充。村民委员会应当自建议提出之日起十五日内召开村民会议对提出的建议进行讨论，并作出决定。

第三十四条 《村规民约》表决并通过后，即日起公示七天，满期后没有异议产生，即宣布生效，并及时到上级政府部门进行备案。

本《村规民约》的最终解释权归明东村村民委员会。

明东村《村规民约》(宣传版)

明东村，立村规，千家万户不可违。

红白喜，不攀比，不重礼来重情义。

邻里间，勿争吵，相亲相爱和睦好。

尊长者，爱幼小，传统美德要牢记。

清污秽，重环保，村路院内卫生好。

村活动，参与频，党的政策牢记心。

村中事，搞民主，少数服从大多数。

对恶习，坚决拒，文明习惯要继续。

搞勤俭，多自律，简约生活甜如蜜。

懒惰习，不能要，幸福日子双手造。

户脱贫，村新貌，发展旅游村民笑。

广场洁，学校净，故居环境都说行。

爱心屋，便利店，热心公益做贡献。

记初心，担使命，全民脱贫中国梦。

2020年6月，笔者第一次走入明东村时，正好碰上明东村的垃圾分类说明现场活动。活动设置村民解读村规民约、垃圾分类齐参与等互动环节。工作人员现场发放印有村规民约宣传板的小扇子，并邀请村民现场解读村规民约，以此加深大家对村规民约的理解，帮助大家把村规民约内化于心、外化于行。工作人员还通过介绍垃圾的四大分类特点、垃圾分类与环保的意义等内容结合"投放卡片"垃圾分类趣味游戏的形式，引导大家树立保护环境意识，变以往垃圾处理"与我无关"的思想为垃圾分类处理"人人有责"，增强主动性和自觉性，为建设和谐文明农村保驾护航。村规民约成为引领美好风尚的风向标，也做实了"小村规"推动乡村治理的"大文章"。村里的老党员ZN说道：

现在的村子跟以前大不一样了，规章制度定得很具体、很明确。不把庭院扫干净、不参加大扫除、不把垃圾加以分类等等，都有明文规定，不仅会被点名批评，还要扣分上黑榜。有了村规民约之后，村民知道了该做什么，不该做什么，大家遵守村规民约的自觉性增强，现在不光环境卫生变好了，村民的精神面貌也焕然一新。

(ZN，男，朝鲜族，1947年生，村医，2020-06-18，在明东村村部)

如今，走进明东村，目之所及，道路整洁、绿树成荫、房前屋后干净整洁，花草树木点缀其中，好一幅优美的田园景象。"既然是大家一起制定的规则，大家就一起来遵守。可以说村规民约是我们美丽乡村建设、乡村振兴等工作顺利推进的重要保障。"明东村党支部书记、村委会主任XCH告诉笔者，村规民约实施后，村干部和党员以身作则、带头遵守，给村民带来示范作用，每个月会都开展一次入户走访，了解村内信息，大力推动村规民约，从源头上排查化解各类矛盾纠纷，村风村貌得到了极大改善。

第四章
乡村治理实践中的困境与偏差

国家治理现代化建设是一个漫长而艰巨的动态过程，而不是一劳永逸、一蹴而就的静态过程。国家治理现代化的实现也不是某一治理主体治理效能的提升，而是多元主体共治作用的合力。从明东村的实践来看，近年来乡村治理在"一核多元共治"的模式下，取得了显著成效，积累了宝贵的重要经验。然而，随着现代化的发展和新型城镇化的快速推进，乡村社会发生转型，农民的利益诉求日渐趋于具体化和多样化。原有的仅依靠单一主体的治理模式，很难实现人们对于美好生活的追求，已难以契合乡村社会发展。对明东村乡村治理开展调查研究中发现，明东村乡村治理面临着新情况、新形势、新要求，其在乡村治理工作中遇到的困境不仅影响了乡村社会的发展，也不同程度制约着乡村治理现代化的进程。

4.1 乡村治理组织体系的结构困境

20世纪80年代以后，我国农村基层社会管理体制变化的一个重要特点就是"乡政村治"，即乡政管理与村民自治二元并存。乡镇政府作为最基层政权组织，对本乡镇事务行使国家行政管理职能，组织和引导乡镇农村经济社会建设，但不直接管理具体基层事务，乡以下的村建立群众性自治组织——村民委员会，在基层党组织的领导下，率领村务监督组织、村集体经济组织和其他社会组织根据村民意愿与村规民约，对本村具体事务实施自我管理、自我教育、自我服务，行使自治权。1998年颁布的《村民委员会组织法》也明确规定两者的关系是指导、协助与被协助的关系，但现实中由于乡镇对农村社会管理的介入程度高和村民政策参与意识的增强，"乡政"与"村治"之间常常出现失调现象，以致影响乡村治理。

4.1.1 压力型体制的冲击

乡村治理体制结构的失衡具体表现在压力型体制对于乡村治理所造成的问题。具体来说，就是为了完成经济赶超任务和实现各项目标，各级地方政府采取任务分担以及奖惩管理制度，并且在实际操作过程中，往往把工作任务层层量化分解到下级组织和个人，并要求在规定的时间内完成，最后以此为依据，评估下级政府的政绩与人员晋升。在我国自上而下的层级体系中上级政府以国家强制力为后盾，几乎占据压倒性的资源，凭借其拥有的压制性资源优势，掌控对下级政府的财政拨付权及各种人事管制权与奖惩权，上下级之间是一种"决策——执行"的关系。在这种层级结构体系中，处于政府层级体系最底层末端的基层政府——乡镇政府"处境非常艰难"[1]：一方面承受来自上级政府的各种发包与目标责任分配，"上面千条线，下面一根针"，任务非常繁重；另一方面上个世纪末农村税费改革和农业税取消对乡镇政府的权力产生巨大的影响，致使乡镇政府实际上成为权力最小、责任最大的一级政府。为了消解压力，求得生存，乡镇政府往往把村民委员会视作自己的下级附属机构或派出机构，以传统的命令式管理方式把各项任务和指标下放至村民自治组织，并靠各种名目的"检查""考察""达标评比""评优"等来向村级施加压力，使村民委员会的任务量倍增。在这种压力型体制中，乡村干部既面临纵向自上而下层层加码的任务完成压力，也面临着横向区域之间，乡村干部个人之间政绩锦标赛的压力。工作任务的难度和压力传导，导致村委会及村民自治逐渐失去主动性和积极性，因为它已然远远超出村民自治组织的能力范围。这种压力型体制对于乡村治理的冲击尤为突出，使得乡村治理成为上级政府完成目标任务和执行功能的手段与工具。

"乡政"不仅压制"村治"，而且又往往越权越位。在多元共治的框架内，政府应该是服务型的政府，为多元主体协商共治提供合理全面的服务，为多元共治的顺利开展创造好的经济、文化、社会环境。但目前的现状是，一些乡镇政府利用自己的权力优势与社会资源优势，不仅"掌舵"，而且"划桨"，随时强势地介入乡村事务，对村两委干部选拔任用、村级财政支出、社会经济发展规划甚至是评先奖优等方面采取直接或者间接干预，对村委会产生侵权。这种越权

1　古洪能. 基层政府公信力流失的博弈机制与出路探究[J]. 行政科学论坛, 2019(01)：50-54.

越位性质的过分的行政干预，对于农村基层民主的发展与推广及村民主体意识的增长是相当不利的，长此以往，会使乡村自治有名无实，造成村民自治机构沦为政府的派出机构，产生"附属行政化"的现象。明东村XCH向笔者"吐槽"道：

> 在我国村民委员会组织法里明明规定的是，村与乡镇的关系是指导与被指导的关系，但实际上哪是这种关系呀？完全是垂直的上下级关系，是政府中心主义，是服从与被服从的关系。因为在资源配置中乡镇政府起决定性的作用，村务、村干部、村财政等等也都是乡镇政府直接或间接管，所以乡镇政府的各个部门都得罪不起，一切都得看政府的眼神。如果你不服从乡镇政府的要求，或你处理不好村与乡镇政府的关系，那你就无法得到更多的资源与支持。所以呢，乡村治理，说是村民自治，但村子里能够"自治"的范围很有限。比如讲吧，前几年开始，由上面投资，在我们村里盖红色教育馆。这虽然是上面的投资，但既然建在我们村里的话，对于选址、设计风格、内容编排等方面也得听听我们的意见吧。对不对？我们还是出于我们村已有基础设施的整体布局，想尽可能地突出一下该设施的民族风格，选址也选在红色教育广场东侧，但他们一概不听，一切都是按他们的思路设计，选址也是，非得要建在明东学校建筑后面。有时候我们也真是很无助、很无奈呀。

> (XCH，男，朝鲜族，1978年生，村党支部书记兼村委会主任，2022-10-21，明东村村部)

4.1.2 村民自治行政化倾向

所谓"村民自治行政化倾向"，是指村民自治在一定程度上名存实亡，乡镇政府仍把村委会当作自己的直接下属行政组织，沿用传统的领导方法进行指挥管理，或继续控制村委会的人事权，对经村民民主选举产生的干部随意调动、撤换、任免；或对属于村委会自治范围内的生产、经营等村务活动横加干涉，随意发号施令[2]。如前所述，1998年通过的《中华人民共和国村民委员会组织法》明确规定，乡镇政府和村民委员会是"指导"与"被指导"的关系，而非"领导"与"被领导"的关系，但实际上乡镇政府与村委会之间的关系却远非如此简单。村民委员会作为村民自治组织，是乡村治理的实质主体，在乡镇政府指导下对本村事务行使自治权，从而确保农村基层组织的自主性和活力。然而，在实际运行中，上级政府设定的社会管理目标、方案和任务，往往以行政命令的方式传达到乡镇基层政府，乡镇基层政府为了完成目标，不得不主动地向乡村进行渗透、影响和控制。乡镇政府强势越位、过度干预村民自治，从而不断压缩村民自治的空间，使村委会、村干部乃至村民变为乡镇政府行政权力的附庸，导致村民自治行政化倾向不断强化与凸显的趋势。

一是村委会和村干部身份的行政化。按照有关国家法律和制度的规定，虽然村委会有责任协助乡镇政府办理政务，但作为乡村基层群众性自治组织，主要接受村民群众的委托，负责村庄决策的执行和村庄公共事务的具体管理，是村民自我管理、自我教育、自我服务的重要依托和载体。可是，在压力型体制下，乡镇政府与村民自

2　莫文希. 村民自治过程中行政化倾向问题探析[J]. 山西青年, 2013(08)：10-11.

治组织权责边界模糊，并且保持着实际运作上的行政领导关系，造成了村民自主治理乡村社会的空间不断被挤压，使得村庄乡村治理呈现明显的行政化特征。不少村庄的村民委员会把主要精力投入在应付来自上级政府尤其是乡镇政府的各项任务上，实际扮演着在乡镇政府的直接领导下，帮助乡镇政府对村庄实施行政控制和管理的角色，完全沦为乡镇政府的一个附属机构或一级"准政权组织"，无法用更多的精力去深入地开展村民自治活动，忠实地扮演"当家人"角色。从村干部实际工作内容来看，大多是"贯彻落实、执行上级下放的任务"，主要包括迎评考核、政策宣传、农村维稳、社会救助、征地拆迁等，而乡村自治性工作内容则越来越少。此外，村干部工作形式的公文化和格式化已经成为新常态，村干部行政化治理俨然成为了一种既存事实[3]。

我自己也觉得我这个村委会主任的身份非常尴尬，说国家干部或公务员吧，也不是，我们是没有公务员工资，户口也是农民户口；说我们是纯为村民服务的村干部吧，也不是，我们还领镇政府发的一个月2500元的工资，我们干的活大部分是政府给我们的工作，而且论工作压力，我们是最忙的基层村干部。现在从上到下，非常强调乡村治理、乡村振兴，但说实在话，我们几乎没有时间去管本村的田间地头的事或村民自治等村务。一天从早到晚都忙于应付来自上面的任务。上面来的任务不一样，每天的工作安排也不一样，比如上级突然来消息需要报表或者数据，那么干部们得从早到晚地在村里忙这些材料。或者如果上级要来检查考核，干部们又得从早到

3 任群委，黄小勇. 新时代背景下行政化治理与村民自治耦合的路径优化[J]. 中国延安干部学院学报，2019(02)：78-86+136.

晚加班加点地忙着整理各种档案材料，有的时候是通宵赶材料。省检、国检的时候打印各种材料一天能用上8包A4纸。有些时候，干部们一天都在外面开会，或者跑项目，协调各种各样的关系，因为没有项目村子里就没有经费。前几年扶贫、这三年的疫情时期更是甭提了，百分之七八十的精力都花在填报表上。上面来的要求也是五花八门，一个数据多人要、反复要，赶材料外，还得三天两头应付没完没了的考核检查。还有疫情期间，除了各种报表统计外，村里大部分都是老人，几乎不看微信，那么我们得挨个儿打电话或者找上门去通知。像核酸检测的时候出示吉祥码，大部分老人都不会注册吉祥码，都是我们村干部挨家挨户手把手帮老人注册吉祥码，特别费时间。这些成了村干部的主要业务。感觉常常疲于应付，牵扯很多精力。

(XCH，男，朝鲜族，1978年生，村支部书记兼村委会主任，2022-08-13，明东村村部)

二是村财务的行政化。近年来，随着农村集体经济逐渐发展壮大，农村财政支出规模逐年扩大，乡镇政府和村干部对村级财务关注度越来越高。但对标乡村治理现代化的目标，既有的财务管理制度和管理人员，无法适应乡村发展的新要求，村庄财务管理规划性和专业性都有待加强。在这种情况下，为了规范村级财务管理，我国大部分乡村采用"村财乡管"或"村财乡监"模式，而且由乡镇经济管理站对村级财务实行账目和资金"双代管"，对上级拨付的补助和专项资金、村级集体经济、债权债务等实施监督和管理，村干部任期和离任经济责任审计、会计档案管理、财务开支审批等方面纳入乡镇的财务管理程序，以加强乡镇政府对村干部的约束与监督。这种村庄的财务运作就被纳入预算、审批、考核、结算的程序之中，"事前做方案、审批后入账"的工作常态，不仅对强化对村级财务的管理，使村级财务管理全面步入规范化、制度化轨道有积极的作用，而且，一定程度上也缓解了农村干群关系紧张等社会问题，得到了农村基层组织和广大干部群众的拥护和支持，但由于具体操作过程当中的过度"管死""管住"等教条化、官僚化做法，严重影响村级财务自主权，出现乡村自治动力不足、功能弱化，公共服务功能缺位等问题，让村干部反感生厌。谈到村财乡管问题，明东村村委会主任XCH说：

现在村财务都是由智新镇农村经济管理服务中心接管，村集体资金都拿到镇里，村里想用自己的钱也太麻烦了，5000元以上必须由镇长签字，申报也非常繁琐和麻烦，层层审核，层层公示。报销业务也是，原来用3-4天就能报销的钱，现在最少也得花27天。像我以前学过会计的人还能明白过来，别的村的那些村干部都是岁数大的朝鲜族老人，这些村财务报销对他们来讲也是一件非常头疼和麻烦的问题，得跑好几回镇政府。

(XCH，男，朝鲜族，1978年生，村党支部书记兼村委会主任，2022-10-21，在明东村村部)

我们明东村是朝鲜族村，朝鲜族老年人都特别喜欢打门球，老年协会数次向村委会提出修建一座门球场的要求。其实我们也是，老早开始想要给村里的老年协会修建门球场，毕竟这些老年人对村里的各种事务贡献很大，他们也得老有所乐，再说我们村里也不是没有那个资金。我们一开始的打算是村里资助一部分经费，然后争取社会资金，但是因为村里没有财务自主权，我们只能向镇政府打了报告。镇政府不知何故，迟迟没有批复，没办法我们只能向包保单位求助。这样由省交通运输厅协调镇政府、市文广旅局等单位，向市财政厅申请19万元经费，这样终于使门球场修建经费有了着落。2022年村里投入这笔资金，修建了面积达650平方米的门球场，总算给了老年协会一个交代。

（YCL，男，汉族，1983年生，驻村第一书记，2022-10-21，在明东村村部）

从上述两则访谈中可见，一些脱离乡村实际的教条主义的"统管会计"在某种程度上影响和制约着村级正当合理的财政支出，进而影响着乡村治理与社会的发展。村级财务自主权是村民自治权的核心内容之一，村民行使自治权利，主要通过村级财务自治体现出来的。依笔者所见，村财乡管是在一些村庄村民自治制度落实不到位的前提下，由乡镇政府前移监督的关口，解决村级会计监管乏力，监督不到位，监管效果不佳等问题。但这终究只是一个过渡性的制度安排与措施而已。从村民自治的长远角度而言，只有强化村级自治功能，把村级财务完全放置于全体村民的直接监督之下，才是从根本上解决村级财务管理问题的出路，也是从根本上给村民自治、乡村治理提供强有力的物质保障。

三是村民自治机制失范。由于乡镇政府依然沿袭着"官"本位的行政理念，加之村委会"附属行政化"，在乡村治理中村民的意愿和要求难以得到重视，村民参与建设乡村振兴意愿不高，更难以发挥出主体性作用，乡村社会的内生力量受到抑制。我国"三农"问题专家叶敬忠曾对新农村建设中存在的农民边缘化现象忠告说"在当前轰轰烈烈的新农村建设讨论与行动中，我们听到的主张和建议几乎都来自两个群体，首先是官员，从高官到村官；其次是专家，从著名学者到普通研究人员。然而农民作为新农村建设的主体和最终受益者，却在这场关乎自己家乡建设和自身利益的新农村建设中集体失语了。"[4]乡村治理也如此。笔者接触的44位被访谈者当中，除乡镇干部和村干部之外，大部分村民对乡村治理闻所未闻，对乡风文明、管理民主等话题鲜有关注和了解，政治意识薄弱，对权利义务了解不多，一些干部也对乡村治理只知其然不知其所以然。由于村民自治的行政化，缺少来自村民的参与和监督，乡村治理重点也多停留在易于取得政绩的村容村貌和基础设施层面，导致与村民意愿相悖的大量政绩工程，而针对乡风文明、管理民主等层面却远不及政绩工程那么"辉煌"。如何调动广大村民的积极性，发挥其主体作用？如何通过各方力量的广泛参与、多元互动来实现乡村社会的善治？仍然是当前乡村治理当中必须要认真面对的重要课题。

4.1.3 "一肩挑"："一权独大"与村民自治弱化

2019 年6月印发的《关于加强和改进乡村治理的指导意见》中鼓励基层村两委换届时积极推行村党支部书记与村民委员会主任由一人来兼任的"一肩挑"政策，传达与落实国家政策引领。从目前的运行情况来看，实行"一肩挑"的实行利弊共存。其中，有利体现在四个方面：一是有利于巩固村党组织的领导地位，提升领导权威；二是有利于精简干部职数，全面统筹村庄党务、村务和经济工作，提高村干部的工作效率；三是有利于降低村级组织运行成本，提高

---

4 曾金胜. 农民"集体失语"了吗[J]. 人民论坛，2007(02)：14-15.

村干部待遇；四是有利于处理好村"两委"矛盾，减少了原有的相互推诿、扯皮的坏现象，提高决策效率。"一肩挑"也带来一些弊，其中最大的弊端就是多重身份的重叠及权威和相应社会资本在一人身上的集中，这种无形中形成一种"一权独大"的集权体制，助长村党支部书记和村委会主任的个人独断专行，容易形成高高在上和"一言堂"的家长式领导作风，容易破坏公正和民主，影响领导班子的和谐团结，滋生腐败等社会问题，进而导致村委会的素质和权威以及自治民主管理能力不尽如人意，村民代表会议的民主决策功能受到制约，村民及其自治组织面临着话语权被剥夺的风险。在明东村的调研中发现，治理主体都有身份叠合的现象：XCH既是村党支部书记，又是村委会主任，还是经济合作社负责人；前任村党支部书记LYD既是村监督委员会主任，又是经济能人，作为乡村治理主体，他们为了乡村治理的有效性，需要理解不同的治理模式，并采用合宜的方法与策略，保证乡村治理的有序推进。但是，治理主体间权力利益并不是永久性的平衡关系，他们会依据不同的环境和利益需求，自由地进行身份选择和行为方式的选择，如果缺乏有效监督的情况下，就会出现诸多失范现象，这也是当前现代化进程中乡村治理亟待解决的问题之一[5]。对此，村民也有一定的想法，村民LSZ谈道：

"一肩挑"当然有好处，尤其是对调节村支部和村委会之间的矛盾，提高工作效率等方面的作用还是蛮大的，但是呢，村两委的权力集中到一个人身上的话，肯定也有一些弊端，最大的问题就是很可能一个人说了算，形式化对待村民的知情权、参与权和监督权。

5　王丽霞. 保安族乡村社区治理模式研究[D]. 兰州大学，2014.

村长的工作作风民主还是独断，这就完全靠领导个人自己的素质和修养了。我们村还好，因为玄主任是读过书、见过世面的人，他非常平易近人，平时也关心村民，注意听取老百姓的意见。要是换个别的村的话，村长一手遮天的例子还多着呢。

(LSZ，男，朝鲜族，1947年生，2021-04-10，在老人家里)

"一肩挑"确实加大了一肩挑干部的权力，在村务的处理中赋予很大的自主性。以前的话，村支书和村委会主任两分立，至少两者之间相互制衡，相互监督，但现在村两委的权力全部集中到一个人身上，如果稍微不加注意，就会脱离群众路线，造成一权独大，损害村民自治。因此，我们村里是，一方面积极调动一肩挑干部的能动性，另一方面从制度上加强监督，尤其是坚持党务村务公开制度，防止一个人说了算，防止权力集中导致的贪污腐败，权利交易的发生。所有的村务吧，都得经过村两委联席会议，村委会定期进行总结报告，村民代表质询等等，切实加强对一肩挑干部的监督。

(YCL，男，汉族，1983年生，驻村第一书记，2022-08-03，在明东村村部)

"一肩挑"干部身份的转变以及"一权独大"的集权体制，自然带来的是村干部和村民及其自治组织之间地位悬殊日益加大，村民及其自治组织越来越处于被动地位，甚至存在着被边缘化的风险。如果这种风险得不到及时化解，那么乡村"合作治理"格局有可能嬗变为村干部的"独角戏"[6]。

6　任群委，黄小勇. 新时代背景下行政化治理与村民自治耦合的路径优化[J]. 中国延安干部学院学报，2019(02)：78-86+136.

4.2 乡村治理主体缺失

4.2.1 农村人力资源的流失

村民是乡村治理的主体，乡村治理关键在于发挥村民主体作用，如果村民在这场关乎自身利益和自己家乡建设的乡村治理中"集体失语"，乡村治理将会成为纸上谈兵。只有充分发挥村民的主体作用，激发乡村活力，使村民真正成为乡村振兴的建设主体、治理主体和受益主体，乡村振兴战略的实施才能落实落地。当下，民族地区乡村治理中一个不容忽视的问题便是乡村人力资源的流失。改革开放和城镇化的快速推进导致了乡村人口结构的变化，大量农村人口都流向了城市，连学龄儿童也都流向城市，留守在乡村的是老人、部分妇女。在农村人口大流动的背景下，东北边疆朝鲜族地区更是演绎出与其他农村地区不一样的"朝鲜族式"流动景象。

其一，外出务工地域范围较广，以韩国为主的跨国流动为主。根据笔者的调研，朝鲜族外出务工人员从地域空间分布来看范围较广，分散在国内的大连、威海、青岛等各个城市和国外的韩国各城市，但韩国始终是朝鲜族外出务工的首选之地。因为朝鲜族和韩国民族同祖同源，文化相通，更重要的是韩国的经济收入远远高于中国，务工有立竿见影的效应，因此，选择韩国是大多数人们集经济收益、成本、语言风俗习惯等多方面考虑下的理性选择，正如明东村村民LYJ所言：

"再怎么也是，韩国毕竟语言通，而且离我们这儿也不远，我们村里的大部分人都是选择去韩国。还有一个更重要的原因是，那里的收入比国内高。上个世纪90年代那个时候的话，在韩国的打工收入可以说是天文数字，挣一年半载就等于我们这儿的好几年的收入。即便现在韩币大幅跌价也是，比我们国内收入高出几倍。"

（LYJ，女，朝鲜族，1962年生，2021-01-17，在村民家里）

其二，流动人口总量多，流动周期长。自1992年中韩建交开始，朝鲜族的跨国流动非但没有停止，反而愈演愈烈，无论是每年的出入境人口流动量，还是长期滞留在韩国的相对稳定的流动人口量，呈逐年增长趋势，其总量也相当可观，在我国少数民族跨国流动中位列前茅[7]。据韩国法务部统计，2018年、2019年在韩朝鲜族人口总数均超过了70万，疫情之后虽然有所减少，但仍然保持在60万以上。其流动周期也是与国内农民工的季节性流动不同，是长年累月的"持久战"（参见下图）。

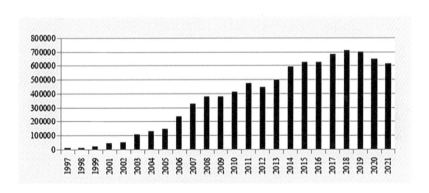

图4-1 在韩朝鲜族人口递增图

资料来源：资料来源：朴今海，孙云彤.流动的困惑：跨国流动中少数民族流动群体的社会融入问题——以在韩朝鲜族为例[J].云南民族大学学报，2020(05).

---

7 朴今海，王春荣. 流动的困惑：朝鲜族跨国流动与边疆地区社会稳定——以延边朝鲜族自治州边境地区为例[J]. 中南民族大学学报，2015(02)：12-16.

其三，流动形式趋向"家庭化"。跨国流动初期，朝鲜族的流动，无论是亲戚访问、跨国婚姻、升学留学还是产业研修、劳务输出等，多以分散的、跑单帮式的个体流动为主。因为当时绝大多数人的流动动机是"挣钱"，加之韩国入境方面的准入门槛高，所以初期出国务工的人很少有配偶、子女或父母等家族的随行，由此引发了留守儿童、空巢老人、"离散家庭"等一系列社会问题。自2007年开始，韩国先后出台了"访问就业制"等一系列政策，大大放低朝鲜族的准入门槛，越来越多的人不再以过去的"单身外出"的方式流动，而是以携妻带子，举家迁移的"链式迁移"方式流动，在韩朝鲜族人口激增，流动人口结构也随之发生变化，"三世同堂"不在少数[8]。

明东村下辖7个村民小组、13个自然屯，户籍人口424户1034人，常住人口103户165人，目前只有15.96%的村民长期居住在本村，以老弱病残为主。除本村村民外，还有外来人口有19户33人。笔者在短短不到两年的调研时间里发现，从更新的数据统计中显示出人口不断流失的现状还在持续。以2022年一年为例：户籍常住人口流失13人，外来流动人口也减少了将近20人。乡村治理在很大程度上要依靠乡村自治组织的号召与领导，但由于众多离村村民逐渐在村庄治理中缺场，乡村的自治组织实际上还远远没有达到能够实现乡村自治的能力。

---

8 朴今海，孙云彤. 流动的困惑：跨国流动中少数民族流动群体的社会融入问题——以在韩朝鲜族为例[J]. 云南民族大学学报，2020(05)：24-29.

表4-1 明东村户籍人口与常住人口年龄段比较

	户籍人口(人、%)		常住人口(人、%)		流失人口(人、%)	
16周岁以下	97	9.4%	3	1.8%	94	10.8%
16到60周岁	602	58.2%	58	35.2%	544	62.6%
60周岁以上	335	32.4%	104	63.0%	231	26.6%
合计	1034	100%	165	100%	869	100%

表4-2 明东村户籍人口与常住人口各年龄段民族比例

	户籍人口民族比例(%)		常住人口民族比例(%)		流失人口民族比例(%)	
	朝鲜族	汉(满)族	朝鲜族	汉族	朝鲜族	汉(满)族
16周岁以下	7.7%	1.7%	0.6%	1.2%	9.3%	1.5%
16到60周岁	48.6%	9.6%	16.4%	18.8%	50.3%	12.3%
60周岁以上	29.1%	3.3%	46.0%	17.0%	23.2%	3.4%
合计	85.4%	14.6%	63.0%	37.0%	82.8%	17.2%
	100%		100%		100%	

数据来源：笔者根据村委会提供数据整理

从表4-1中可以看到，明东村户籍人口1034人，但常住人口仅为165人，占户籍人口的16.0%，明东村户籍人口中有84.0%的人口在流失，其中16周岁以下的学龄儿童占10.8%、16周岁到60之间的青壮年占62.6%，60周岁以上占26.6%。大部分16周岁以下的学龄儿童和16周岁到60周岁之间的青壮年在流失，而且表4-2中可以看到，流失的人口中大部分是朝鲜族，占82.8%。随着1992年中韩建交，朝鲜族的人力资源大量流入韩国，留守在村里的只有165人，其中60周岁以上老人为104人，占在村人口的63.0%，说明人口流失非常严重，且留守在乡村的大部分为老年人，乡村人力资源的素质和质量明显下降，乡村治理的"主心骨"长期处于"缺位"状态，严重影响乡村治理的效能。

这5-6年间，我们通过各种渠道争取来的项目资金都算在一起的话都超过了一个亿，包括广场、围墙、3座桥、20公里路、围栏、墙、修房等等。现在国家政策也倾斜农村，项目也多，资金也充足，最大的问题就是缺人。青壮年人口外流，留守的基本上是老弱病残，这种现象朝鲜族村显得更为严重。那些在韩国打工的人，一般都打的是持久战，长期在韩国，好多在韩国安家定居，即便回来也是，回后都在延吉、龙井买房子，不太可能再回到农村种地的。他们作为明东村的村民与原籍地的联系仅仅是靠户口本和身份证。农村人力资源的短缺，尤其是精英人才紧缺致使引导和带动乡村治理的力量不足，成为制约乡村治理和乡村振兴战略实施的最大难题。

(HBN，男，汉族，1971年生，驻村第一书记，2021-01-18，在明东村村部)

一般来说，农民工通过外出务工实现物质资本和人力资本的增值是没有疑问的，问题是这些增值后的物质资本和人力资本其回国以后不一定能投入到乡村建设，助力乡村发展。徐增阳等指出，外出打工者要助力乡村发展，必须同时满足以下两个条件：一是农民将这种增值后的资本带回农村，使其主要投资用于生产而不是个人消费；二是从人力资本而言，回村的农民要表现出对村里发展的关心[9]。事实上，笔者在明东村看到的是这样一种情况，仅从人力资本

---

9 徐增阳，湛艳伦. 行政化村治与村民外流的互动——以湖南省G村为例[J]. 华中师范

来讲，村民多数出国后就不再回来，即便回来也是不愿意在农村种地，而是选择周边的龙井、延吉等城市生活；从物质资本来讲，因为回国以后的农民其人不在农村，所以增值后的资本也根本没有可能投入到农村，所以即便出国务工者"腰缠万贯"或"锦衣还乡"，其物质资本和人力资本对乡村发展的助力作用是非常有限的。农村人力资源的缺失将会一定时期内严重制约乡村发展与乡村治理。

4.2.2 基层党组织队伍结构不尽合理

村级党支部作为党的最基层组织，是党在社会基层组织中的战斗堡垒，是党在农村的全部工作和战斗力的基础。在推进乡村治理进程中，加强党建引领，坚持乡村基层党组织在乡村治理中的领导核心地位，提升基层党组织服务农村经济社会发展能力，充分发挥党员的模范带头作用直接关乎乡村治理水平和效能。正如习近平总书记指出：如果没有一个坚强的、过硬的农村党支部，党的正确路线、方针政策就不能在农村得到具体的落实[10]。近年来，在"脱贫攻坚"和"边疆党建长廊"工程等重大项目的推动下，我国边疆民族地区农村基层组织建设成效显著，村级党组织的凝聚力和战斗力进一步增强，为更好地引领乡村治理提供了坚强的组织保障。然而，在基层具体实践中，部分农村基层党组织仍然受各种因素制约，在引领乡村治理上存在诸多不足和短板。

一是年龄结构老化。明东村现有党员51人（汉族党员11人，朝鲜

大学学报(人文社会科学版)，2000(02)：18-23.

10　习近平. 摆脱贫困[M]. 福州：福建人民出版社，1992：119.

族党员40人），占总人口的4.9%，其中18-60周岁的党员22人，60周岁以上党员有29人，党员平均年龄62岁。全体党员中在村党员30人，占党员总数的58.8%；出国打工流动党员21人，占党员总数的41.2%。在村党员30人中，因病或年迈不能参加组织活动的党员有11人，实际能够参加活动的党员仅为19人，其中最年轻的有43岁，最年老的有83岁，乡村党员队伍明显趋于老化。有文化的年轻人读书升学考出去一批，外出打工走出去一批，致使现在农村好"苗子"难找，党员队伍处于"后继无人"的状况，党组织人才缺口成为制约乡村组织治理能力整体提升的重要因素。

表4-3 明东村党员统计表

	人数	比例	朝鲜族	汉族	平均年龄
在村活动党员	19	37.2%	10	9	62
出国流动党员	21	41.2%	19	2	57
因病或年迈不能参加活动的党员	11	21.6%	11	0	70
党员总数	51	100%	40	11	62

数据来源：笔者根据村委会提供数据整理

二是文化程度偏低。在明东村具有活动能力的在村党员19人中，拥有大专学历的有1人，中专及高中学历的有7人、初中学历的有10人和小学学历的有1人。由于乡村基层党员普遍文化程度偏低，党员队伍整体素质不够高，一些党员缺乏对农村社会经济发展的战略性、前瞻性思考，价值观念趋向功利化，难以跟上时代前进的步伐。

三是农村党员缺乏致富本领，"双带"作用乏力。目前，农村党员年龄偏大，文化程度低，部分党员在遇到农业结构调整、激烈的市场竞争时，无所适从，习惯于用计划经济思维想问题办事情，缺乏致富本领，满足于小富即安，不富也安，安贫守穷，不主动谋求发展，生活水平不如当地非党群众，尤其是在引领增收致富方面，根本谈不上"带"的问题，基本失去了感召力，造成村民对党支部没有太大的认同感；而有的党员虽有致富之心，但由于缺乏新知识、新技术，加之身体条件、年龄等原因显得心有余而力不足，使党员在致富之路上无法充分发挥"带头"和"带领"作用，对党的形象和凝聚力、战斗力造成一定的负面影响。

我是70年代入党的老党员，想当年，我也为村家乡的发展任劳任怨，付出过心血，也当过七道沟的党支部书记。但是老了以后吧，糖尿病、三高、心脏病等各种慢性病缠身，每天都是靠药物控制病情，身边还没有子女，现在只能靠土地租金和低保生活。我也知道我是一名党员，本应该在村里的各种活动中起先锋模范带头作用，但是呢，现在是心有余而力不足，反倒成为组织的负担、累赘。

(WXG，男，汉族，1945年生，2021-03-13，在老人家里)

4.2.3 农村社会组织的缺位

农村社会组织也是乡村多元共治模式的重要主体之一，是参与、引导和推动乡村治理的一股重要力量，在提升农民组织化程度、维护农民利益、提供公共服务、维持乡村社会稳定等方面有着不可替代的作用。2007年，中共十七大报告首次把社会组织放到全面推进社会主义经济建设、政治建设、文化建设、社会建设"四位一体"建设的高度进行了系统的论述，明确提出"重视社会组织建设和管理"[11]，赋予了社会组织更重要的使命。《中共中央关于推进农村改革发展若干重大问题的决定》要求："培育农村服务性、公益性、互助性社会组织，完善社会自治功能。"[12]随着市场经济的深入发展，社会组织作为共建共治共享社会治理格局的基础性主体和一支有生力量备受政府和公众的关注，社会各界对社会组织的期待也与日俱增，特别是在乡村治理中农村社会组织的角色、地位及作用问题成为学界一个不可绕开的核心议题。然而，在实践层面上，由于城乡二元社会结构的瓶颈、农村经济发展水平以及社会发育程度低等各种复杂的社会原因，农村社会组织发展非常缓慢，远远比不上城市社会组织的活跃，无法自由生长和自治运转在乡村广阔的舞台上，农民组织化水平还不能适应转型期乡村治理的需要，其自身能力和影响力还存在明显不足，无法在乡村社会治理创新中发挥有效作用，农村社会组织尚处于发展的初级阶段[13]。

费孝通在《乡土中国》中提出，中国传统社会是一个"熟人社会"。在传统的乡村社会，无论生产、生活还是娱乐，左邻右舍都邻里和睦、守望相助，形成邻里共同体。尽管朝鲜族农村的血缘性、宗族性没有像汉族农村那么发达，宗祠文化微乎其微，但作为一个移民村落，自古开始以自主、自愿、自律为特点的相扶相助共同体

11　中共中央文献研究室. 十七大以来重要文献选编(上)[M]. 中央文献出版社，2009：31.

12　中共中央文献研究室. 十七大以来重要文献选编(上)[M]. 中央文献出版社，2009：679.

13　唐建平等. 农村社会组织建设对策研究[J]. 湖北社会科学，2010(12)：36-39.

组织——"契"相当发达，如以村里的公益事业为目的的洞里契、学契、松契、堤堰契等；以农事及相扶相助为目的的婚丧契、宗契、劳动契、农务契、牛契、褓负商契等；以社交为目的的同甲契、老人契等；以金融为目的的储蓄契、殖利契等。随着改革开放的不断深入和城镇化进程的快速推进，大量农民跨出"农门"流向城市，农村生产方式和生活方式发生巨大的变化，乡村原有的价值认同被分散化，村民间互信度减少，公共空间也日益萎缩，原有民间组织被解散，乡村社会逐渐由熟人社会转向半熟人社会，"熟人社会"的聚合功能逐步瓦解，原有的"集体化"乡村社会慢慢呈现出"原子化""空心化"与"边缘化"等现象，农民对农村社会组织的参与度不高。而政府对社会组织的过度干预，又使农村社会组织建设带有浓重的行政化色彩，加之政府对农村社会组织的公共服务提供不足，致使农村社会组织可支配的资源要素较为匮乏，导致农村社会组织发展较为缓慢，缺乏相关的话语权。特别是一些专业技术领域的农村社会组织以及与农民工、农村经济发展、农业服务等相关的新型农村社会组织，其发展速度更为缓慢[14]。

已有的社会组织与政府的关系定位也存在问题。我国政府在思想观念上远没有摆脱全能政府的思维定势，对非政府组织的内涵、特征及其在社会发展中作用的认识比较模糊，甚至把它们放在政府的对立面[15]。政府习惯于包揽式管理，排斥其他主体参与社会管理，

---

14 张艳国，刘小钧. 我国社区建设的困境与出路[J]. 当代世界社会主义问题，2013(03)：17-29.

15 高宝琴. 多元组织参与乡村治理的优化机制——基于合作博弈的视角[J]. 东岳论丛，2015(05)：102-105.

"大政府、小社会"格局定位稳固。在关系定位上，政府习惯把农村社会组织当作自己的附庸；在权责划分上，政府权责界限不明朗，越位、错位和缺位现象经常发生[16]。因此，农村社会组织在乡村治理实践，还是在乡村经济社会建设实践，其主体地位都没有充分得到体现。政府与农村社会组织之间被定位于管理者与被管理者之间的关系。即便是村一级的多元主体关系当中，村两委与其他社会组织的关系是垂直的依附和服从关系，社会组织的作用仅限于"协助"，社会组织缺乏主动性，难以承担从政府部门分离出来的社会职责，也无法弥补政府职能的不足。其结果是，不少农村社会组织未能在各自的专业领域里发挥其应有的作用，难以有效地参与和指导农村社会建设。不少农村社会组织未能建立一整套农村社会组织的运行机制，还没有完全适应社会主义市场经济复杂多变的要求。正如有学者所指出那样，"在社会组织外部，社会组织因依附于国家或政府，没有独立自主性；在社会组织内部，国家或政府的行政运转模式内化于社会组织的日常运转之中，社会组织没有自治自立性。"[17]

正因为如此，有学者主张，在中国"现代意义上的农民组织尚未建立。现代意义上的公民社会是独立的、自治的和自主的。由于我国农民组织的发展是在计划经济向市场经济的转变中进行的，因而，它一直生存在政府权力阴影中。村民自治组织是国家基于管理乡村需要自上而下设计的，受国家权力影响较大。即使在改革开放之后

16　覃杏花. 我国农村社会组织自治现状及其完善路径[J]. 江西社会科学, 2015(09)：200-204.

17　孔凡义等. 社会组织去行政化：起源、内容和困境[J]. 武汉科技大学学报, 2014(05)：520-523.

新兴的农民经济合作组织或农民协会，担任其领导人的大多是乡镇或村两委干部。农村社会组织在其发展、管理和决策过程中，政府的主导作用也非常明显。71%左右的农民组织都是由乡镇政府或村两委发起。"[18]

以明东村为例，明东村共有14个经济合作社和老年协会，其中三个经济合作社都在村委会主任的名下，三个在村民名下，其余均为悬空。老年协会在乡村治理当中，尤其是在社会服务的供给、乡风文明的倡导等方面发挥着重要功能，但是从下一段访谈资料中可见，老年协会经济实力过弱，先天活力不足，在关系定位上，依然习惯于对政府的依附和服从，社会组织的自治功能还不健全。

我们的活动经费除会员费外，基本上是靠村部的支持，每年过三八节、老人节等节日的时候都是村部资助我们活动经费。老人会承担的主要活动事项也基本上是村部给安排的。在村部的指导和帮助下，老人协会也尽可能地去做力所能及的事情，比如说扫马路呀、种花草呀、化解纠纷呀等等。农村想建立其他社会组织也是，问题是没有年轻人，现在的话除了老年协会外其他的根本组织不起来。

（HSN，女，朝鲜族，1953年生，老年协会会长，2022-08-13，在明东村主题公园露营地）

俗话说"家有一老如有一宝"，对于边疆民族地区来说，"村有一老也如有一宝"。虽然老龄化在现代乡村治理中是"减分项"，但凡事因地制宜，在年轻人极缺的边疆民族地区调动一切积极因素投身村庄

18　高宝琴. 多元组织参与乡村治理的优化机制——基于合作博弈的视角[J]. 东岳论丛，2015(05)：102-105.

建设才是正解。因而，给予老年协会等社会组织一定的经费支持和管理自主权也会一定程度缓解治理主体缺位问题。

4.3 现有农地制度的弊端

土地是农村最大的资源和最重要的生产要素，激活这个宝贵的资源，唤醒沉睡的土地对于实现乡村振兴目标至关重要。毫无疑问，改革开放以后我国实施的家庭联产承包责任制极大地调动了农民个人生产积极性，促进了劳动生产率的提高和广大农民的生活水平的提高，对促进农村经济社会发展作出了巨大贡献。但在实施过程中，也暴露出一些深层次的矛盾与诸多弊端，如：土地细碎化与农业机械化、产业化之间的矛盾，农民"养地"与"怕变"之间的矛盾，土地资源紧缺与弃耕之间的矛盾等。从乡村治理角度而言，现有土地制度制约了农村土地资源优化配置，拉开了农民与村集体、基层政府之间的距离，影响村集体经济的快速健康发展，乡村治理面临诸多困境。

4.3.1 "农户主义"与农民群体的"一盘散沙"

我国现行的土地制度是家庭联产承包责任制。1978 年冬天，安徽小岗村人冒着各种风险，实施"分田单干"改革。由于"交足国家的，留足集体的，剩下都是自己的"的办法给贫穷农民以温饱的希望，能够调动和发挥农民生产积极性，因而得到决策层的支持，由此引发了一场自下而上的生产力革命，促成了中国农村的"包产到户"，农户家庭重新成为独立的生产经营单位和基本单元，农村进入了一种分散小农状态。

"农户主义"的基本特征和主要内涵是"以农户家庭为权益中心，被划分为相互封闭和隔离的最小社会单元。这种体制机制崇尚单打独斗，不好团结合作，致国家观念渐行渐远，集体经济淡出江湖，极端利己主义与自由任性之风甚嚣尘上，谁也不靠谁和谁也奈何不了谁的人际关系成为农村社会结构中的普遍现象"[19]。

诚然，作为一种新的土地制度，"包产到户"在农业繁荣、农民富裕、农村进步方面带来了巨大成就，"二亩地，一头牛，老婆孩子热炕头"就是其写照，但也必须清醒地认识到小农经济形态带来的问题，如城乡之间发展不平衡、乡村内部发展不平衡和不充分等。在工业化、城镇化、市场化浪潮的猛烈冲击下，农业兼业化、农民老龄化、农村空心化现象日趋明显，集体经济力量长期缺失，村庄的利益共同体和公共性正在迅速地分化瓦解之中。尤其是2006年农业税的全面取消，更是拉大了农民与村集体的距离，农民不再向国家和村集体上缴税费，传统的农村分配关系格局被打破，村民跟村集体、基层政府不再存在利益关联，村社集体也就有名无实，行政村向何处去就成为问题[20]。有学者指出，"在当前农村社会治理实践中，最主要的矛盾或者说最大的拦路虎就是农民群体的'一盘散

---

19 宋亚平. 农村治理现代化进程中的农民问题[J]. 湖北民族大学学报，2020(01)：10-13.

20 贺雪峰. 行政还是自治：村级治理向何处去[J]. 华中农业大学学报，2019(06)：1-5+159.

沙'"[21]。此种状态之下，继续走"农户主义"的路径恐怕很难实现农村社会治理体系与治理能力现代化[22]。还有一些学者更是直白地指出现有土地制度政策的博弈，如吴理财认为，"有些既有的制度、政策、机制却割断了乡村民众与村庄共同体、村集体、基层政府之间的利益关联。如今的状况是，乡村民众与行政村、基层政府之间处于一种看似美好的、和谐的'相安无事'状态之中。如果二者都不能发生联系，进行互动，还谈什么治理！"[23]张伟军也指出，"依靠土地改革和社会自主空间增大所带来的乡村改革发展红利和乡村主体积极性发挥已经到了极致，在已有的制度之下，很难再有进一步提升的空间"[24]。对此，基层干部也有不解和怨言。

现在都是以家庭为单位单干嘛，所以农村工作中最大的困难：一个是没有人，还有一个是没法把农民有效组织起来。因为是小农经济形态嘛，村集体与农民个体之间没有那种直接的经济利害关系，村民的经济收入主要是靠土地耕作或土地流转，与集体没有共同利益点，村民除了参与选举这种重大活动外，对于其他事务一般漠不关心。尤其是搞水利建设呀、基础设施建设呀，还有搞其他村庄公共事务的时候，很难将村里的人组织起来，这样只好把活儿承包

21 宋亚平. 农村治理现代化进程中的农民问题[J]. 湖北民族大学学报，2020(01)：10-13.

22 宋亚平. 农村治理现代化进程中的农民问题[J]. 湖北民族大学学报，2020(01)：10-13.

23 吴理财. 推进乡村治理现代化从民众参与开始[J]. 湖北民族大学学报，2020(01)：21-23.

24 张伟军. 多元复合治理体系与乡村善治的实现路径——基于历史与现实的双重视角[J]. 山西农业大学学报，2018(06)：20-28.

给第三者。村社集体既无法有效地组织农民，也没有组织农民的动力，村社集体与农户相脱节。

(XCH，男，朝鲜族，1978年生，村支部书记兼村委会主任，2022-10-21，在明东村村部)

村庄是农民群众共同的家园，村庄应由全体村民共同守护、共享共建。"农户主义"虽强化了大家多劳多得的实干热情，但一定程度上弱化了农民群体内部、农民群体与基层组织直接的日常往来与利益交互。因此，如何激发农民群体的集体感、责任感以及凝聚力成为现代化乡村治理中亟需考量的关键点。

4.3.2 集体经济的萎缩

土地是农民最宝贵的财富，是农村最重要的生产要素，它既是现代化农业建设的根本，也是盘活农村集体经济的重要脉搏。一方面来看，随着改革开放和城镇化建设的日益推进，农村劳动力随之外出而流失，而农村劳动力的大量流失，导致大面积耕地抛荒、林地废弃等现象的发生。集体土地的闲置和劳动力的大量流失和分散，造成边疆民族乡村的"巧妇"和"米"的双重流失，农村盘活集体经济力不从心。另一方面，进行农业现代化建设是发展农业和保障国家粮食安全的重要举措，也是壮大集体经济的重要途径，但农村集体土地"零散"与发展现代化农业相矛盾，亦即农村零散的集体自留地以及被外出务工的农户弃耕、抛荒的集体土地成为发展壮大集体经济的难点。

"联产承包责任制"导致农村经济成为以家庭为单位的经济，客观上使得以乡村集体为单位的经济难以实现和发展，大多数村靠"资源饭"维持现状。村集体经济收入是农户和其他单位因承包集体耕地、林地、水库和一些基础设施等资源上缴的承包金。这些村集体经济收入来源比较单一、发展项目定位不准、与群众利益联结机制不够紧密，而且对环境破坏影响大，管护粗放落后，难以形成市场竞争力和实现可持续发展，一旦市场波动，经济效益就会滑坡，势必会对村集体经济造成较大冲击。据一些研究资料表明，2020年全国集体无经营收益的村仍有12.1万个，占比达22.5%，集体经营5万元以下的村仍有12.5万个，占比达23.1%，两者相加可以看出"空壳村"仍占据45.6%[25]。

表4-4 2020-2022年明东村集体经济收入构成　单位：万元

年份	村集体经济	经营收入	发包及上交收入	补助收入	其他收入
2020	127.5	5	46.5	0	76
2021	93.8	0	93.8	0	0
2022	124.5	0	74.5	50	0

数据来源：笔者根据村委会提供数据整理

从表4-4中可以看出，仅从总收入来看，明东村的集体经济收入逐年增加，集体经济实力可谓"雄厚"。其中，以创总收入最高值的2020年为例，在总收入127.5万元中，其他收入（元东水库补偿款）就76万元，占59.6%，其余51.5万元中，经营收入为5万元，仅占3.9%，发包及上交收入为46.5万元，占总收入的36.5%。明东村集

25　卢洋. 中国农村集体经济实现形式研究[D]. 四川大学, 2021.

体经济来源比较单一，村集体经营收入仍旧不高。

一些村干部对集体经济的理解也有偏差。有些人固执地认为，现在都是"单干"的时代，国家现行政策也都是鼓励个体经济和私营经济发展，村里资源也有限，在市场经济的大环境下，有能力的人就能过上好日子，集体经济的发展与否并不重要。由于根深蒂固的小农意识，村干部没有开拓创新，不是千方百计有效盘活利用本地优势资源资产，因地制宜发展壮大村集体经济来破除当前困境，而是安于现状，抱怨乡村缺乏资源、缺少资金，在新形势下显得无所适从。

4.3.3 人口流动而土地难以流转

对农民来说，土地即是生存之本，也是生活的基本保障，是农民的"命根子"。不过随着城镇化等进程的持续推进和城乡二元体制的松动，农村人口实现更自由地流动，农村土地经济价值实则不断下降。而通过土地流转重组农村人的生产要素，就成为推动实现农业现代化，实施脱贫攻坚及乡村振兴战略的必然选择。近年来，不论是关于土地集体所有权、保障农户土地承包权和搞活土地经营权的"三权分置"制度的确立，还是农村土地确权登记等的改革举措，都为更多市场主体进入土地流转创造了更为友好的制度环境。然而，在现实的土地流转中，因为土地掌握在个体农户手里，不仅造成土地的细碎化，而且造成土地难以流转，由此便出现了农村人口流动而土地不流转的制度性限制，使那些返乡的乡村精英难以把更多的资金、技术和知识投入到土地的规模经营。

明东村的耕地以旱田为主，农户承包地比较零散，要实现土地规模经营，就必须做到成方成片连在一起，并确保流转期限较长和相对稳定，而一旦由于个别农户不愿意流转或流转给不同的承包方，就不可能实现持续的连片规模经营。如果想获得土地的经营权，通过承包、流转等形式实现土地集中连片，需要挨家挨户登门商谈和说服，非常费力。调研发现，明东村土地流转存在两种倾向：一是汉族农民相对而言出国打工的机会没有朝鲜族那么多，维持生计、维持生活保障的手段较少，因此留守在村里的人对土地的依赖性很高，农户"惜转"心理普遍，农户的流转意愿不强，加之国家实施耕地地力保护补贴、政策性农业保险等一系列的惠农支农补贴政策，种粮户每亩有补贴，农作物受灾了还会有一定的保险补偿，更加重了农户的"惜转"心理，土地流转的积极性难以有效提高；另一是朝鲜族农户以高龄户为主，无法亲自经营土地，其生活来源主要靠土地流转，但在具体的土地流转过程中，由于利益目标不一致，或者愿意出租给外地承包方，或者愿意出租给本村的土地承包方，由此导致大规模土地流转难以成功。

相比之下，我是更愿意把土地转让给外地的承包方。因为他们是外地来的，跟村里的人没有什么亲情人情关系，有事比较好说话，尤其是欠收的时候也能按年初的合同一分不少地获取土地租金。但是假如换过来本村的人吧，都是抬头不见低头见的熟人社会，说不定还有亲缘关系，有事碍面子，不可能理性处理。比方说当年的庄稼歉收的话，你好意思跟人家分文不少的要租金吗？反正租给外面的人更省事利索。再说外来的承包户服务意识也比本村人好一些，每当逢年过节的时候都挨家挨户送一些猪肉、豆油等东西，虽然东西不多，但是挺暖心的。

(ZN，男，朝鲜族，1947年生，2021-1-16，在村民家里)

现任村委会主任XCH当年返乡创业的时候就碰到类似问题，有一些农户不愿意把土地流转给本村的XCH，导致土地不能成方成片，难以规模经营。

2016年，我刚回到村里的时候，朝鲜族的大部分土地都流转给外地来的王某手里，他在我们村里将近种了十年的地。我返乡之后，觉得从长远的角度来讲，还是本村的人承租土地更有利于村庄的发展，而且对集体经济的增长也有利。所以呢，我就打起了承租村民土地，搞规模化经营的念头。但当要承租农民土地的时候，发现村民不怎么愿意流转给我，打听原因里边牵涉到好多问题。我就通过村委会，挨个说服这些朝鲜族村民，并比当时的流转费用高出0.5千元的价格把他们的土地租下来。但仍然有极个别的农户没有从外地农户那里转回，致使有些地方的耕地不能连片，影响规模化经营。……当然，现在的话这些土地都已经到本村的承包方手里。

(XCH，男，朝鲜族，1978年生，村支部书记兼村委会主任，2021-1-18,在明东村村部)

由此，关于农村土地流转问题，向外租赁土地的农民优先考虑的一定是收租多少，即谁准成、谁给钱多租给谁；租种者考虑的则是如何让土地连片，且物美价廉；村干部则既希望保障农民群众的土地经营与支配权益，也希望有实力者连片承包土地、合理利用土地，实现村民收入、村集体收入双丰收。显然，为了调和各利益相关者，只靠情分和嘴上的游说是无法真正解决问题的，这可能就需要在制度、政策上给予明确的导向和保障。

第五章

互动与契合：乡村多元共治的生成机理

"天下之势不盛则衰，天下之治不进则退。"乡村如何治理？既是实现乡村振兴战略的关键环节，也是夯实国家治理的基础。党的十九大报告提出"要加强农村基层基础工作，健全自治、法治、德治相结合的乡村治理体系。"十九届四中全会决定提出"构建基层社会治理新格局"，强调"完善群众参与基层社会治理的制度化渠道。健全党组织领导的自治、法治、德治相结合的城乡基层治理体系。"可以看出，乡村治理体系是国家治理体系的末梢神经，它不仅是社会利益的发端和社会矛盾的集合体，同时也是社会秩序的基础源和社会价值的共生源[26]。乡村治理体系和能力的现代化直接影响国家治理体系和能力现代化的成效。从宏观上看，当前正是我国实现乡村振兴的关键阶段，随着社会主义政治建设、经济建设、文化建设、社会建设、生态文明建设等全面发展，国家不断加大了对"三农"问题的重视和投入，逐渐加强了统筹城乡融合发展的力度，也增强了城乡经济的关

26　姜晓萍.乡村治理体系和治理能力现代化的实现途径[J].湖北民族大学学报，2020
　　（01）：5-7.

联度，一系列与"三农"有关的普惠条件不断积累叠加，稳固了农业农村发展根基的同时也为乡村治理现代化提供了新的机遇。各地要因地制宜，对乡村治理确立起长期性、渐进性和实效性的原则，从而真正富有实际绩效地推进乡村治理现代化。

5.1 优化多元治理主体，提升乡村治理成效

英国著名治理大师格里·斯托克(Gerry Stoke, 1999)在《作为理论的治理》一文中强调，政府并不是治理的唯一主体，政府应与其他主体共同治理社会问题[27]在新时代背景下，乡村治理主体转变，形成了多元化格局，乡村治理也应摆脱过去政府一元管理的传统模式，通过发挥乡镇政府应然意义上的角色与功能，优化基层政府、农村基层党组织、基层群众自治组织、新乡贤以及民间社会组织等主体的力量，实现乡村多元主体之间的协调互动与有效衔接，发挥乡村各个主体的积极性、能动性和创造性，探索多元共治的有效实施路径。基于乡村治理主体的多元化和治理方式的多维度考量，为了防止角色混淆、角色冲突、角色中断等治理障碍的发生，定位多元治理主体的角色和职能边界显得尤为重要。如图5-1，基层政府主要扮演宏观规划、政治引领和监督角色；农村基层党组织主要负责引领、指导、监督社区治理，是乡村治理的领导核心；而村民委

---

27 [英]格里·斯托克.作为理论的治理：五个论点[J].华夏风译.国际社会科学杂志（中文版），1999（01）:19-30.

员会的职责主要是协助基层党组织引领乡村治理，充分发挥自治职责，带领村民实现"自我管理、自我教育、自我服务、自我监督"；非公共权力体系的其他力量，包括精英村民、社会组织及其他社会力量主要扮演自治主体、上传下达等助力者的角色。各治理主体通过区域化信息化平台及时获取与参与乡村治理，确保信息落实到各相关利益主体。村民也可通过村里的意见簿、公告栏、微信、QQ 等途径反馈社区问题，对于优秀村庄治理案例，可通过区域化信息平台召集各村进行学习与借鉴，最大限度地激活乡村各治理主体参与积极性。

基于目前我国乡村治理的困境，需要我们既着眼于时代发展的全球化趋势和国家民主化改革的历史背景，又要基于后农业税时代新农村建设的目标内涵来寻求乡村治理转型的发展路向。

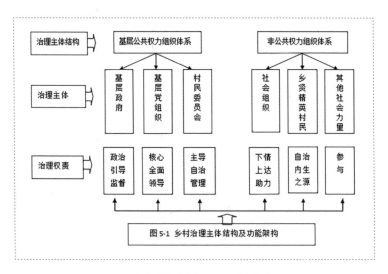

图5-1 乡村治理主体结构及功能架构

5.1.1 明确政府担任的角色，厘清责任清单

众所周知，乡村治理是实现乡村振兴的关键环节。在乡村治理中村民扮演着主要的角色，作为主力军在自治过程中需要独立性，但在乡村并不是与世隔绝的个体，村民自治的实践也并不意味着使农村游离于政府之外寻求自我管理，而是需要政府作为其存在的基础。村民自治需要政府和社会的正确引导和监督，使政府进行合理的、适度的干预保护村民的自治权利，以便乡村有效地推进村民自治进程。因此，在乡村治理上，"不是努力消除政府的作用，而应是研究如何设计的政府机构才更有效率，在更大的制度设计中弥补公民治理能力的不足。"[28]

首先，从"管制"到"服务"，转变政府职能重心，提高民众对政府的认同。在传统的"强政府、弱社会"背景下，我国采用的全能控制型社会管理模式中，政府凌驾于社会之上并支配覆盖社会。而这种压制·干预型政府职能模式使政府维护社会秩序的能力和社会治理的能力受到制约。随着市场化机制与农民的流动性、农民的现代化思维日趋提高、个体化参与意识不断觉醒等乡村基层治理场域的根本性变化，单靠政府单一主体已经难以应对乡村社会治理的秩序要求，传统的管控模式失去了依托。因此，政府要根据社会转型的需要和维护社会秩序的要求，尽快转变政府的职能角色，摆脱"官本位"思想，以提供公共服务为基点，通过提供公共产品和公共服务，凝聚向心力，增强村民对政府的认同感。在提供公共服务时，需要换位思考为农民着想，尊重农民的生存权和发展权，以农民需求

---

28 汪锦军. 农村公共事务治理——政府、村组织和社会组织的角色[J]. 浙江学刊,
    2008(05)：113-117.

为导向，使公共服务能够为农民提供实际的帮助，同时具有人文关怀，通过公共服务化解治理基层民众与行政权力之间的张力[29]。同时，基层政府应扮演好引领者角色，做好引导和监督，在社会政策与资源支持帮助下，着力营造和谐稳定的社会环境，当好"掌舵人"，充当好乡村治理的协助者、支持者和监督者角色。

其次，改革政府与基层互动模式，积极培育社会组织、农民个体共同参与乡村治理。在基层政府、村社、市场、社会组织等社会力量与市场机制交互影响的多元治理格局下，基层政府要扮演好乡村社会治理的主体性与指导性角色，积极调动广大农民和乡村社会的积极性，充分利用民间社会组织力量，构建完善的乡村治理多元主体机制，引导多元力量参与乡村治理。在乡村治理中，基层政府要规范公共权力的行使方式，以政策宣传、行为引导、理念培育等方式，让农民积极参与乡村治理，推动村民为政府制定公共决策建言献策，提升村民对村务治理的"存在感"。深入推进简政放权、优化服务改革，在制度空间和政策规范等方面给予农民更多地参与乡村社会治理的行动空间，允许农民在框架性政策下自主协商决策，给予农民充分的话语权。现阶段，我国农村集体经济普遍薄弱，农民与基层政府组织关系弱化，农民组织化程度较低，因此，要密切基层政府与农民的组织联系，引导村委会始终把农民群众的根本利益作为出发点，做到问政于民、问需于民、问计于民，重塑村委会在农民心中的地位。在乡村基层政府或基层党组织的引领下，要鼓励村民形成健全各类乡村社会组织，帮助农民建立对组织的归属感与认

---

29 张红霞. 农村现代化变迁与社会工作介入农村社会治理路径研究[J]. 福建省委党校学报，2015(05)：82-87.

同感，提高农民组织化程度，提升农民的组织合作能力。

5.1.2 坚持和完善党的全面领导制度体系

中国共产党领导是中国特色社会主义制度的最大优势。农村是我党的执政根基，"三农"问题一直是我们党和国家工作的重中之重。我国乡村治理现代化的推进的过程，实际上也是党的领导在乡村治理各领域、各方面、各环节的实现的过程。脱贫攻坚时期，乡村治理的最大变化就是切实强化了乡村基层党组织的战斗堡垒和党员的先锋模范作用，密切了党和广大农民群众尤其是与农村脱贫人群的血肉联系。也正是党的领导，为打赢脱贫攻坚战和全面建成小康社会提供了根本保障。在新的历史起点上，由中国共产党带领广大人民继续推动乡村治理从一个阶段迈向又一个新的阶段，逐步实现乡村治理现代化和乡村振兴宏伟目标。所以，在农村开展多元共治，并不是弱化党的领导，而是要加强党的领导，发挥党团结人民的作风，把农村基层政府、村两委、村经济组织、社会组织、企业等紧紧地围绕在一起，集合多元力量来献言献策，构建协同治理的长效机制，推动农村社会治理水平提升。

一是坚持和完善党总揽全局、协调各方的领导体制，巩固乡村治理的组织基础和政治基础。其一，要既要健全党组织领导的乡村治理制度，推行村党组织书记通过法定程序担任村民自治组织、村集体经济组织负责人，加强村"两委"交叉任职，凝聚村党组织核心领导力；还要推动在各类新型农村经济社会组织中设立党组织、扩大党员成员比例，不断拓展农村基层党组织在乡村社会的覆盖面，从而确保农村基层党组织始终成为乡村各类组织和各项工作的领导核心，把党的领导贯彻到乡村治理的各领域、各环节和全过程中，为推进乡村振兴各项工作和乡村治理有效提供坚强的政治保证和广泛的社会支持。其二，要完善基层党建引领乡村治理的工作机制，通过加快推动社会治理重心下移，增强农村基层党组织的统筹协调能力和服务供给能力，团结带领各类乡村治理主体更有效地应对和处理农村社会发展的各类新情况新问题，更好地满足农民群众日益增长的美好生活需要，让农村基层党组织在解决实际问题、增进民生福祉的过程中不断提升政治领导力、思想引领力、群众组织力、社会号召力，成为推动乡村治理各项工作产生实效的坚强战斗堡垒。

二是要强化基层党组织和党员队伍建设。坚持和完善干部选贤任能的制度，严把"政治关"，着力锻造政治、本领、作风"三个过硬"的乡村基层党组织干部队伍，抵制"两面人"现象，提高基层党组织的凝聚力、号召力。县、乡、村三级要联动加强对村党组织带头人队伍的常态化专业化管理，通过集中培训、挂职锻炼、结对帮扶、驻乡包村等形式，推动村党组织带头人队伍的整体能力提升。进一步优化党员队伍结构，从摸底清查、联系服务、学习教育、作用发挥等方面入手，着力破解流动党员教育管理难题，有效地把流动党员组织起来，充分发挥他们的模范带头作用，通过组织座谈、培训、学习等手段，增强流动党员的归属感，为家乡发展贡献力量，确保党员"流而有为"。积极实施"引凤还巢"工程，吸引流动党员返乡创业，反哺家乡，邀请其担任农村乡贤、发展顾问，为家乡发展建言献策，带动家乡群众创收致富，切实扛起新时代共产党员的使命担当。

三是处理好"党的全面领导"与"治理主体广泛性"的关系。一方面，在乡村治理场域中，凸显基层党组织的领导核心地位，强化基层党组织对政治原则、政治方向和重大决策上的领导，有效发挥党组织核心引领；另一方面，充分调动多元治理主体在乡村治理中的主体性和能动性，积极构建多元主体协同治理体系，继续扩展多元主体参与乡村治理的深度和效度。坚持党的全面领导，并非直接干预、包揽一切实际事务，更不是用基层党组织的"核心领导"作用来代替村委会和其他社会组织力量，键在于坚持完善党对乡村社会治理的全面领导，积极推动多元主体参与，构建"共建、共治、共享、和谐有序"的新格局，增强为民服务能力。这就要求各级党组织在乡村治理过程中转变工作理念和工作作风，始终保持同人民群众的血肉联系，不断提高政策水平和应对复杂局面的能力，把党的决策和正确主张通过民主协商与社会协商等方式转化为群众的自觉行动，把党的意志通过多元参与转变为各类社会组织参与乡村治理的措施，并在具体的工作实践中，对贯彻落实党的方针政策及上级的决策部署把关定向的同时，做好农村经济社会发展规划，对村级重大事务做出决策或提出意见，做实村干部监督管理，从而形成共建共治共享的乡村治理新格局。

5.1.3 发挥村委会的主导作用

与城市相比，我国乡村总体上依然是一个相对的熟人社会。在传统的乡村社会，农民的生产生活均在村庄内部完成，村民之间大多相互熟悉[30]。虽然随着改革开放农民的对外流动更加频繁，农村社会

---

30 费孝通. 乡土重建[M]. 上海：人民出版社，2008：6-8.

阶层、社会格局发生明显变化，但相比城市，乡村熟人社会关系的本质并没有改变，村庄内部的社会联系仍然较为密切。基于熟人社会、差序格局等乡村社会相对熟悉的基本性质，从整个制度体系和当前的治理趋势来看，我国的乡村治理整体上更适合采用以村庄自组织治理为基础，以基层政府和外部市场为补充的多元治理模式[31]，其中群众自治组织——村民委员会更是至关重要。

自我国实施村民自治制度以来，广大农民在党的领导下，不断推行村民自治，形成了独特的民主发展模式。其中，村民委员会选举法也明确规定，村民委员会由村民民主选举产生，故其权力的运行逻辑是自下而上的。综合来看，村民委员会在乡村政治生活中扮演着延伸国家行政权力和行使村民自治权利的双重角色[32]。当扮演自上而下的角色时，它就是政府代理人，在政府的指导下，依照地方性政策要求，协助政府部门的各项工作任务在农村落实执行；当扮演自下而上的角色时，它就是村庄当家人角色，不仅拥有村治事务的绝对领导权，掌握着农村集体资源的支配权力，而且在组织村落公共活动、大规模经济政治文化活动方面享有权威性和组织力，是一个村庄的核心力量，是老百姓的主心骨，其能力和行为决定和左右着乡村治理的过程与成效。在这样一个双重的角色转换间，村委会搭建起政府与人民群众之间的桥梁和纽带，起着承上启下、沟通上下的作用。

首先，应该加强村两委自身的建设。要全面落实村"两委"换届候选人县级联审机制，通过完善民主选举、民主决策、民主管理和

---

31 涂丽. 村庄组织对乡村治理的影响研究[D]. 中南财经政法大学, 2019.

32 徐勇. 中国乡村村民自治[M]. 武汉：华中师范大学出版社, 1997：219.

民主监督，坚决清理有刑事污点、涉黑涉恶涉邪教等问题干部，加强自律，改进工作，提升自身的能力。村委会不是权力机关，权力属于群众，在工作作风上，发扬民主，多开会，多听取群众的意见，村务应当公开，按照群众的意愿去办事，自觉接受广大村民的监督，让群众看得明白，增加群众的信心和信任感，当好乡村自治组织的"当家人"。不仅如此，村委会要充分考虑广大村民的需要与利益，整合乡村发展的优势和特色，制定乡村发展规划，努力培养村民参与乡村治理的积极性和主动性，发展具有本村特色的产业项目，促进广大村民脱贫致富，把落后乡村建设为生态宜居、产业兴旺的美丽乡村。

其次，完善法律法规，进一步明确乡镇政府与村委会之间的职能关系，避免乡镇政府与村民委员会之间因权力、利益、制度、体制等各方面因素引发的矛盾和问题，以免村委会变乡镇政府的派出机构或下级机构，使其沦为附庸。一方面，要划定村委会行使权力的边界，找出哪些是需要乡镇政府给予指导、支持和帮助的事项，哪些是需要村委会协助乡镇政府做的事项，哪些是乡镇政府不得干预的事项，并将其条文化、明晰化，使村委会充分享有正确行使权力的自主性和空间。另一方面，村委会也应在遵循村民自治的基础上，不断激发自我管理、自我服务的内生动力，从主观上摆脱对乡镇政府的"等、靠、要"依赖心理，提高参与自治的主动性和积极性。当然，在村民自治过程中，既要克服"附属行政化"，也要避免村委会过度自治，使其依法行使自治权。

再次，整合乡村社会经济资源，积极培育民间社会组织，诸如经济生产组织、互利组织、服务性组织、公益组织等，激发民间社会组织的活力，积极推动农村社会组织参与乡村治理，助力乡村社会治理。在此基础上，应保正乡村社会组织的相对独立性，提升乡村社会组织的专业性，建立健全社会组织的制度建设、运行机制与监督体系，切实发挥不同类型乡村社会组织在乡村治理和社会发展中的积极作用。

5.1.4 推动乡村社会组织与乡村治理的良性互动

乡村社会组织在改革开放以来迅速增长，越来越多的各种社会组织开始对乡村社会发挥越来越大的影响力，但总体上看来，多数组织是自上而下设计的带有浓厚官办色彩的组织或仅停留在红白理事会、文体、健康类等低层次的自发组织，"现代意义上的农民组织尚未建立起来"。如何将农民组织起来？这是乡村治理中绕不开的一个重大课题。2021年吉林省民政厅发布的《吉林省培育发展社区社会组织专项行动实施方案(2021－2023年)》指出："加大服务性、公益性、互助性社区社会组织培育发展力度，重点培育发展为民服务、扶老助残、公益慈善、促进和谐、文体娱乐、专业调处、法律咨询、农村生产技术服务等领域社区社会组织，特别要结合本地农村实际以及乡村振兴等工作要求，加大农村社区社会组织培育发展力度，补齐农村社区社会组织工作短板"[33]。

首先，营造良好的外部环境。乡村治理的多元主体中主要主体是农民，而且只能是组织起来的农民群体。一旦把农民组织起来，

33　吉林省民政厅.吉林省民政厅关于印发《吉林省培育发展社区社会组织专项行动实施方案(2021－2023年)》的通知.吉民发〔2021〕24号，2021-06-04.

村社集体就可以成为对接国家资源、发挥农民的首创精神、建设美丽乡村中最重要的具有主体性的平台，治理和振兴乡村也就有了希望。基层政府应加快消除法律漏洞和盲区，进一步划定明确的权责范围，推进相关乡村社会组织的法律法规的出台，进而完善乡村社会组织的注册登记管理办法，明确界定乡村社会组织的功能、性质、职责、权利和义务。同时，在政策、资金、人才等方面加大支持力度，营造良好环境，促进乡村社会组织健康发展。通过报纸、电视广播、互联网、村务平台等形式，加强舆论宣传，向村民宣传乡村社会组织在乡村治理中的重要作用以及国家和政府对其的主要政策规定和制度，重点展示典型正面案例，塑造良好的社会形象和扩大社会影响力，使广大村民了解社会组织在带动村民发展致富及社会发展方面的重要作用，进而使社会组织取得村民的认可和信任。

其次，推动乡村社会组织内部科学管理体制的构建。第一，要改变人事管理制度，吸引高素质人才，壮大组织队伍，提升组织力量，更新管理理念。第二，拓宽资金来源渠道，拉取政府资助或社会捐赠，开拓盈利项目，赚取利润，为组织的运行提供物质基础。第三，制定科学的、有效的管理规则体系，建立健全组织内部选拔制度、述职评议制度、财务公开制度等，以制度监督和约束社会组织人员行为。

再次，理顺政府与乡村社会组织的关系，加强对乡村社会组织的正确引导。政府应该帮助社会组织建章建制，正确引导乡村民间组织在法律规范内独立、自主、健康发展，放宽限制，赋予乡村社会组织更大的自主权，可以根据自身发展实际，选择适合自己的方式。在乡村社会组织的筹资方面、使用盈余方面、税收方面给予一定的政策倾斜，使乡村社会组织和乡村治理形成良性互动[34]。

第四，构建多渠道的社会监督奖惩机制。在加大对社会组织的政策、资金和人力支持的同时，对先进的乡村民间组织给予表彰和奖励。通过完善社会组织的问责立法，建立社会组织的评估、反馈和惩罚机制，加强对民间组织的有效监督和引导，对违法违规活动的民间组织加以纠正和处理，防止民间组织的腐败和变质，促使社会组织重视社会监督的意见、建议，作出有效反馈，使社会监督行为具有实际意义。

5.2 多措并举补齐乡村治理人才短板

乡村治理是一个长期的系统工程，是国家治理的基石，也是乡村振兴的重要内容。然而，在具体的实践中，乡村治理又往往面临村庄空心化、人才短缺、能量不足、效果不佳等难题，针对这些客观存在"瓶颈"，要认真探索，通过多方路径解决人力资源流失问题，积极发挥村民的主动性和创造性，培育村民的参与意识，同时完善村民参与共治的渠道与平台。说到底，要让美丽乡村塑形铸魂，首先离不开强有力的人才支撑，在乡村精英的示范带动下，乡村治理才能释放更大活力和潜力。大力强化政策扶持和创业服务，发展集体

---

34 谭新雨. 边疆民族地区民间组织在乡村治理中的作用探析——以河口县A村老年协会为例[J]. 山东行政学院学报，2013(06)：52-56+62.

经济，增加就业岗位，加速人才回流是当前乡村治理亟待解决的问题。

5.2.1 发挥精英的头雁效应

精英向来是乡村治理倚重的治理资源。虽然广大村民是乡村治理体系中最广泛的主体力量，普通村民在政治上是村级组织权力的授予者和委托者，在经济上是自主经营的自由主体，但由于他们信息来源相对闭塞，思想观念较为守旧、市场主体意识淡薄、组织化水平低，导致其在村级公共事务中缺少话语权，被边缘化。他们既无力把握村政，也无力把握市场动态，面对高度自由经济带来的高风险，犹豫不决，无所适从，裹足不前。政治地位的相对低下、经济资源的相对匮乏、文化素质教育的缺失等诸多因素使之或被动或主动地寄希望于他们眼中更有头脑和能力的人身上。久而久之，普通村民在村庄精英的裹挟下成为村民自治中的"棋子"角色，具有一定政治思想素质和话语能力的精英阶层被村民推选或主动担当乡村内外事务的代理人，进而成为村民利益的不可多得的代言人，发挥着举足轻重的作用。

首先，发挥体制内精英的头雁领航效应。从组织建设、干部选配、能力提升等方面着手，找准找好"带头人"，建强"头雁队伍"，实现雏雁起飞，以此带动更多的群众，激发内生发展动力。一方面，要打破用人壁垒，从优秀党员、经济能人、退伍军人、返乡创业人员和返乡大学生中择优配强党支部书记、村委会班子成员，储备村级后备干部，充实基层人才队伍。另一方面，要淬真火强本领，依托本地干部教育管理优势资源和各种教育平台，实施基层干部"充电提能"计划，采取"培训+帮带+实战"的方式，聚力打造高素质的基层干部队伍。

其次，发挥体制外"新乡贤"的正向引领。我国传统乡村社会，"熟人社会""差序格局""礼治秩序"等等存在的特色，使得村民邻里之间互惠互助，从而密切了地方社会的关系，乡贤治理是一种较低成本的社区治理手段[35]。习近平总书记在云南调研时指出，乡贤文化滋养着乡村，润泽着乡风，正是对纯正"乡土味道"最后有效的保护和挽留[36]。通过深入挖掘、积极锻炼、大力培育和引进一批新乡贤典型，充分发挥他们的潜能，助力基层治理。依托老党员、老干部、老教师、老退伍军人、老劳模，成立村级新乡贤参事会。这些德高望重、成功的社会贤达一般经济水平较高、具有一定的组织能力和思想觉悟、较高的文化知识素养和专业技术技能，且具较高的社会威望，对促进乡村人才振兴也发挥着积极贡献。搭建乡贤知情平台，拓宽乡贤建言献策渠道，建立乡贤礼遇机制，激发乡贤为本地发展出谋划策、出资出力出项目的激情，让新乡贤现身道德讲堂、农民夜校、农家书屋，开展演讲座谈，以弘扬乡土文化和传统文化，引领教化乡风民德的作用，最大限度地发挥"乡贤反哺"效应。

再次，发挥好驻村第一书记的尖兵作用。2020年，中央农村工作会议强调，"脱贫攻坚取得胜利后，要全面推进乡村振兴"。对乡村振兴战略如何实施问题上中央的一个重要思路是，"选派一批优秀干部到乡村振兴一线岗位"。这是中国共产党在新时期强化乡村治理体系

35　王丽霞. 保安族乡村社区治理模式研究[D]. 兰州大学，2014：139.

36　徐补生. 寻找今天的"乡贤"[N]. 人民日报，2015-08-17.

和治理能力，巩固脱贫攻坚成果的又一举措，是延续性应用驻贫困村第一书记这一乡村治理经验处理新任务的又一历史选择[37]。明东村驻村第一书记用自己的驻村帮扶实践充分证明，驻村第一书记制度是国家强化乡村基层治理能力的重要途径，承担着推动乡村治理乡村振兴的重要职能。乡村振兴战略背景下驻村第一书记要重构党员先锋、人民公仆、致富能手、治理标兵等角色，把治理标兵作为目标角色，应积极建设村"两委"班子、制定村规民约、发展培育乡村社会组织、实施乡村振兴产业项目，进一步改进创新乡村社会治理机制，提高乡村治理的能力和水平。

5.2.2 大力支持各类人员返乡发展

首先，要加大流动"农民工"回引力度，发挥返乡"农民工"的资源优势。如果说多年前的返乡创业靠的是乡愁和商机，那么近几年的返乡创业又附加了年轻化、智慧化、科技化等新特点。伴随着信息化在农村的推进，互联网与农村的关系日益密切，三农这样的"下里巴人"与互联网的"阳春白雪"相逢，虽然没有轰轰烈烈，却也星火燎原。尤其，在抖音、快手等平台的传播下，乡村旅游、绿色农产品、少数民族传统技艺等"古色古香""土里土气"的项目进入大众视线，当中也透露着无限商机，吸引着一些早年离乡务工，甚至农村籍毕业大学生回乡跃跃欲试。但是，实际创业过程中所面临的用地、人才和资金等问题是每位返乡者都绕不过的一堵障碍墙。基

---

37 胡桂彬. 乡村振兴战略下驻村第一书记角色重构与作用发挥研究[J]. 领导科学, 2022(04)：146-149.

于此，乡村基层政府应充分发挥政策引导和监管职能，打通人才的吸引和回流渠道，创建人才吸引回流机制和平台。一方面，利用域外农民工支部、劳务基地联络处、各种亲睦会、老乡会等，通过灵活人员回引方式，回引优秀返乡农民工，将具有年龄优势、学历优势和技术优势的企业经营管理人才、专业技术人才纳入村级后备队伍培养管理，把在城市里积累的经验、技术以及资金带回本土，造福乡梓；另一方面托县、乡、村三级农民工服务平台，出台相关政策，为从事农业生产提供就业和创业服务平台，给农民工提供施展才华的广阔天地。

其次，因地制宜，将政策红利落到实处，多渠道吸入一定数量的城市富余人员。边疆之治关键在人，人口安全作为非传统安全事项越来越成为影响国家安全的重要因素，没有一定数量和质量的人口，边疆民族地区稳定与国家安全就无从谈起，乡村治理也无从可谈。基于朝鲜族赴韩流动长期性的特点，仅寄希望于其自然回流是无法短期内化解农村空心化及人力资源短缺的问题的。如综述中所言，无论是欧美还是韩日等国家在乡村治理方面走在了世界前列，对其治理模式、方法方式进行合理吸收借鉴也不失为一种有效路径。放眼邻近的韩国，其"微笑乡村运动""归农归村"[38]等经验可作为边疆民族地区乡村治理的学习范本，选择性地收容有意回农村的一些城市富余人员，也是充实农村人口队伍的一种有效途径[39]。近年

38　据韩国有关方面的统计数据，2021年韩国城市人口归农归村人数约51.5万人，较2020年的归农归村人数49.4万人增长4.2%，已连续两年保持增长。其中，30岁及以下年轻人占总人数的45.8%，创下历史新高。——马菲. 政策支持 观念转变 韩国归农归村年轻人持续增多[N]. 人民日报，2022-07-28(17).

39　朴今海，孙云彤. 中朝边境民族地区跨境公共安全治理研究——以延边朝鲜族自治

来随着我国经济持续快速增长和国民生活质量的提高，城市富余人群和中产阶层中的部分居民以及退休的城市居民选择到农村居住的现象屡见不鲜，其中不乏一些从农村走出去的，具有一定农村经验的，或能够引领农村建设的精英分子。通过下乡担任志愿者、投资兴业、包村包项目、捐资捐物、政策宣传、法律服务等多种方式，使其"归农归村"，参与乡村治理。笔者的调研中也发现一些城里的人正活跃在农村建设第一线上大显身手的成功例子。对长期空心化的边疆民族地区乡村应降低"非转农"的准入门槛，以制度和政策倾斜来吸引更多有能力和水平的人加入美丽乡村建设中来，充实边疆乡村人口的数量及质量，发展现代化农业，不断推进乡村治理现代化进程。

再次，多举措吸引大学生返乡就业创业。出台招引大学生返乡就业创业的新政策、新举措，创设良好的返乡就业创业氛围。通过树立农创客、新农人培养等目标，吸引一批有志向、有能力的人才返乡就业创业，助力乡村振兴。对于上大学迁出户籍的青年，应适当放宽户籍政策，允许户籍再次迁回，将"非"转为"农"，积极为大学生回乡打开路径、拓宽渠道、搭建舞台。大力发展产业，为招才引智回乡厚培基础，创造更多就业机会与岗位，为大学生回乡发展提供广阔的发展空间。

州中朝边境地带为例[J]. 东疆学刊，2022(02)：26-33.

5.2.3 提高农民素质，助力乡村治理

人的现代化是国家现代化必不可少的因素[40]。乡村振兴的关键在于农民，乡村治理的最活跃、最积极地参与主体也是农民。当前农民主体意识普遍薄弱，导致乡村治理的主体参与缺位。乡村治理、村民自治需要农民较强的主体意识。较强的主体意识是指农民在农村发展过程中对自身的主体地位、主体能力和主体价值的自觉意识，在农村发展中应体现为作为主人的地位和作用，发挥出主人翁的精神。农民只有具有较强的主体意识和社会参与意识，才能从"要我参与"转化为"我要参与"，使其积极主动参与政策谋划、经济发展、村落布局规划、村民自治、乡风文明建设等乡村建设的全过程和各方面，发挥出主人翁的精神。

乡村振兴背景下，农民的综合素质也需要相应的提高。农民是强农兴农的根本，培养和造就一支高素质农民队伍是推进乡村治理现代化的关键之举。长期以来，我国农村是思想文化建设的薄弱环节，尤其随着互联网+的多元价值导向，人们信仰非主流化的倾向日益严重，因而要着重建设以社会主义核心价值观为精神内核的文明乡风。一方面，大量向农村地区倾斜社会资本，加强农村思想道德建设和公共文化建设，完善农村公共图书室、农家书屋等教育设施的配置，利用广播、讲座、微信、"互联网+"等方式，深入挖掘优秀传统农耕文化所蕴含的思想观念、人文精神、道德规范，以文塑形，以文赋能，培育乡村本土文化人才积极投身于乡村建设；另一方面，要以培育和践行社会主义核心价值观为主线，坚持靶向施

---

40 ［英］英格尔斯. 人的现代化[M]. 殷陆君译. 成都：四川人民出版社，1985：8.

策，持续精准发力，着力培育新型农民、弘扬优良家风、孕育淳朴民风、厚植乡贤文化，让社会主义核心价值观在农村落地生根、开花结果，为乡村治理提供源源不断的精神动力。

加强民主法制教育，增强民主法治观念。苏力曾指出"真正要实行规则之治，一个非常重要的前提条件是规则之治的治理对象本身要具有一定的规则。而这种规则性不可能通过我们制定规则，将不规则的现象纳入一个规则的条文就可以解决了""法律制度必须与农民的生产和生活方式相适应，否则，送法下乡并不能解决农村问题"[41]。通过村民夜校、电视广播专栏、普法讲座等各种渠道各种形式，有计划、有重点、有目标地开展群众性法制宣传教育，营造广大群众学法、用法的浓厚氛围，有效增强农民的法治意识，引导农民准确合理地表达利益诉求，通过正当法律途径维护自己的合法权益，使广大群众学法守法用法护法，提高村干部民主管理和依法办事的水平，增强村民自治的责任感。

发展农业职业教育，培养新型职业农民。从明东村的调研中发现，村民最渴望的是技能培训。明东村根据村民需要也曾搞过贫困户职业培训、老百姓劳动技能培训、龙井市科技局下派的种养殖培训和科普、延边大学农学院的种植培训等职业技能培训，这些技能培训大大满足了村民的需要，为农民致富插上翅膀。如经营大棚的AFB说道："其实种菜我没有专门学过技术。种草莓的技术是问了认识人就教我，种香瓜的技术是村里有远程生产技术指导老师，还有延边大学农学院派出专业技术老师帮助村里进行技术指导，他们专

41　苏力. 送法下乡：中国基层司法制度研究[M]. 北京：中国政法大学出版社，2000：193.

门负责技术上的问题。通过技术指导我收获满满，不仅学到了种植的实用知识，同时也创收了。"[42]有关部门应积极组织农业科技人员走进田间地头为农民传授技术，开展"点对点""一对一"指导服务。根据农户的实际需求，传授粮食和果树种植技术、养殖技术、病虫害防治技术、农业机械的使用技术、高科技装备的智能操控技术等各类现代农业实用技术，培养一批"土专家""田秀才"。落实科技特派员制度，为农民提供产前、产中、产后全过程服务，实时解决农户在生产中遇到的各类"疑难杂症"。创新科技推广机制，建立现代农业科技示范基地，引领农业高质量发展。送书下乡为村民"充电"，推进村级农家书屋建设，购置种植、养殖、农产品加工、农业政策法规等书籍，方便农民农闲时自学，提高他们的科技素养和致富能力，着力培养新型职业农民。

5.3 改革创新现有农地制度，形成富有特色的土地经营制度

毫无疑问，在乡村的多元治理中，农民群众既是最主要的治理主体，又是最直接的受益主体。利益是决定乡村治理成效的关键，作为新时代乡村治理场域不可或缺的共生治理，同样是由利益决定的，只不过它是由相关利益和利益相关性决定的[43]。然而，现存的农

42　AFB，男，汉族，1974年生，2021-03-15，在蔬菜大棚里.

43　罗敏. 新时代乡村共生治理有效实现的五个维度[J]. 求实，2019(05)：88-99+112.

村土地制度切断了农民跟村社集体、农村基层政府的利益的关联，农民与村集体、农村基层政府相脱节。将农民组织起来的最重要制度基础是农民集体土地制度及建立在该制度基础之上的农民集体经济。

5.3.1 土地"三权分置"，允许村社集体占有土地所有权

土地是农民最基本的生产资料，是农业生产得以发展的载体，深化土地改革是实现乡村治理现代化的关键路径[44]。既然，现存的农村土地制度存在农村土地经营细碎化的问题、农村土地承包者与经营者分离等一些弊端，那么什么样的农村土地制度既可以解决当前农村土地制度的弊端与困境，同时能够维护农民土地权益，提升农村社会组织能力？对此，学界见仁见智。贺雪峰主张，相对限制村民的承包经营权，对土地只确权不确地[45]。也就是说，集体拥有村集体土地所有权，村民享有平等的土地承包权，有意向的村民也可以申请在此从事农业或特色产业，获得收益。但需要注意的是，土地承包权不能流转，如果农户承包土地后，选择进城生活、务工，或者因其他原因无法经营土地，需要将承包地上缴村社集体，并从村集体领取租地补偿，补偿金往往略低于市场价格。之后，村社集体通过招标，将农户退还的土地经营权，按市场价格继续向外租赁，优先满足本村社集体中有扩大农业经营规模需求的农户，返给退回

---

44 朱雅妮，高萌. 乡村治理现代化：治理模式、关键问题与实现路径——第四届中国县域治理高层论坛会议综述[J]. 华中师范大学学报，2020(02)：42-47.

45 贺雪峰. 乡村振兴与农村集体经济[J]. 武汉大学学报，2019(04)：185-192.

土地农户的地租补偿金及从新的经营主那里收取的土地租金之间的差价则归于集体。而且，为避免土地过度碎片化，能够合理规划土地经营规模，村社集体可以在一定期限内，对村社集体土地进行调整。简而言之，实行土地"三权分置"：村社集体拥有土地所有权，村民拥有土地承包经营权，村社集体有权从不耕种土地的村民那里收回土地经营权，而不耕种土地的村民的承包权作为一种收益权，可从村社集体领取租金收益(类似返租倒包)。也就是说，土地确权时，实行"确权不确地"政策，给种地的农户确地，给不种地的农户补偿地租。如有农民因进城失败等原因，想要重新返回家乡种地，村社集体应落实农户的承包权，将土地还给农户，当然这个土地面积和品质要与原先的承包地相近。

土地只有得到合理利用才能发挥价值，才能造福村民。实施弹性土地制度，一方面可以有效避免因土地分隔造成的碎片化，实现土地规模化经营；另一方面可以极大舒缓农民离乡流动背景下承包者与经营者分离造成的问题，同时还可以给离家返乡者留一条后路，使进城失败的农民返乡时仍然有地可种。更重要的是，村社集体紧握土地经营自主权，可以适时收回不种之地、调整土地用途，既能为农民提供一定数量的公共产品，也能为村级集体创造一定的收益。重新设置与赋权的土地制度自然地将农民组织起来，使自上而下的国家资源转移得以转移对接到村社集体，赋予村社集体重新具备利益计算能力或算平衡账的能力，让村社集体对当地公共事业的建设更有效率，让农民自主建设美丽乡村的主体性、自觉性更加迸发。

还有一些学者指出，应组建土地合作社或其他集体经济组织，对

"包产到户"的农村资产再度实行股份制市场化改造，把村里的零散田块整合起来，农民以土地经营权入股，合作社统一将耕地对外租赁。具体地说，继续执行现有土地承包政策体系，并在此基础上理顺农民与集体经济组织的财产关系，农民可以按照自己的意愿，选择是否将自己的房屋、宅基地和承包地等权益与集体资产进行股份量化。这时，农村土地资本代表是集体经济组织，由集体经济组织出面与市场资本进行股份合作，整合土地所有权关系，将分散的农民权益股份化，推动农业生产要素市场化配置，创造出"集体经济和农民权益股份制公司化经营"的农村新经济模式，实现农业资产的市场化经营，让土地增值[46]。这种方式不仅可以盘活农村资产，壮大农村集体经济，而且农村集体经济组织可以整合原本分散的农民权益，发挥作用。在这个过程中，要注意只有集体经济组织可以与社会资本合作，农民只拥有股权，不直接参与经营，因此不必担心变化多端的市场风险。

依笔者所见，上述主张皆有可行性和前瞻性，且有异曲同工之效。各地要因地制宜，因村施策，根据本地区的具体情况，在"经营权"方面做文章，或以土地制度的重新设置，或以土地股份制市场化改造等方式，盘活农村土地资产，壮大集体所有土地，最大限度地增长农民与村社、基层政府的"共生圈"，激发农民的主体性。

---

46 曾斌. "包产到户"经营模式与集体经济整合发展——兼论沙坪坝区农村集体经济发展路径[J]. 重庆行政，2011(02)：89-90.

5.3.2 发展壮大新型集体经济，推动乡村经济发展

生活富裕是乡村振兴战略的根本，也是最终的民生目标，农民收入水平的提高是生活富裕的最直接体现。乡村振兴的出发点和落脚点就是让广大农民群众生活变得更美好，围绕着农村群众最关心最直接最现实的利益问题，抓住重点，补齐短板，增强弱项，拓宽增收致富渠道，帮助农民快速提升收入。改革开放之后，我国农村生产方式从生产队为单位的"集体经营"的大生产转变为以家庭为单位的"家庭联产承包责任制"。然而，随着市场经济的发展，"分散"经营的小农经济由于其生产力水平低、经济地位不稳定、抵抗自然灾害的能力弱等弱点，在市场竞争中渐趋劣势。况且，农业社会化服务已成为实现中国特色农业现代化的重要途径，农业生产社会化服务程度不断提高，在农业生产过程中，农民的农业社会化服务需求也不断增长。因此，必须通过组织化的方式来满足农民在农业生产上的需求[47]。如前所述，明东村通过组建农民经济合作社方式将农民有效组织起来，为实现农村社会共同富裕提供了组织保障。近几年各地的实践证明，发展新型集体经济，关系到农业农村经济发展、农村改革及乡村治理的成效。村民自治组织的权威能力，在相当大的程度上只能取决于村集体能够控制和支配的部分经济资源和财富。如果没有一定的集体经济基础，村民自治组织的各项能力便难以得到有效发挥[48]。

党的十九大报告首次提出实施乡村振兴战略，强调深化农村集体

---

47 郭鹏. 农村社会组织参与乡村治理：功能、挑战与路径——基于山西省W村的个案研究[J]. 山西高等学校社会科学学报，2022(09)：31-37.

48 徐勇. 中国农村村民自治[M]. 武汉：华中师范大学出版社，1997：260.

产权制度改革，保障农民财产权益，壮大集体经济。并在党的二十大报告再次明确指出，巩固和完善农村基本经营制度，发展新型农村集体经济，发展新型农业经营主体和社会化服务，发展农业适度规模经营。所谓新型集体经济，是指"在农村地域范围内，以农民为主体，相关利益方通过联合与合作，形成的具有明晰的产权关系、清晰的成员边界、合理的治理机制和利益分享机制，实行平等协商、民主管理、利益共享的经济形态。新型农村集体经济的实现形式并不是唯一的，不仅包括改造后的农村集体所有制经济，也包括基于私有产权形成的合作制和股份合作制经济，以及公有产权和私有产权联合的混合型集体经济"[49]。与传统意义上的农村集体经济不同，新型集体经济除了劳动者的劳动联合，还有劳动与资本、技术、管理等诸多要素的联合。发展新型集体经济不是走计划经济时代的老路，而是适应改革开放以来，尤其是实施联产承包责任制以来农业生产结构、劳动力构成、农业技术供给、市场经济结构等方面发生的新形势、新要求的必然选择，是推进乡村振兴、促进共同富裕的有力支撑，也是推进乡村治理的物质保障。

一是加快农村集体产权制度建设。由于在过去的农村集体经济发展过程中，集体产权主体和成员权限边界不明晰，权益被固化、要素流动不畅等原因，导致集体经济形态过于单一、发展十分困难。发展壮大新型农村集体经济，前提是明晰产权主体、明确产权范围，并且资产权益可以流转。其中，关键又在于加快探索农村集体资产权益流转模式[50]。在市场经济体制下，只有集体资产股份自由流

49　魏建. 以新型集体经济促进农村共同富裕[N]. 光明日报. 2022-09-20(11).

50　涂圣伟. 加快发展新型农村集体经济[N]. 学习时报，2021-03-24.

转，才能最大限度地发挥它们作为生产要素的潜在市场价值，进而提高集体资产使用效率，拓宽集体成员收入来源。村集体可以通过发挥资源资产优势，形成组织化、规模化和机械化的大规模生产，发展农业的新产业、新业态，拓展集体经济发展空间，带动农民增收致富。

二是提高农村集体经济参与市场的能力。近些年在农村集体经济发展中，农村集体经济组织在遏制农村两极分化现象、提供就业机会、开拓增收渠道、实现农民共同富裕等方面发挥着日益重要的作用，但随着市场经济的发展和云计算、大数据、物联网等现代信息技术的不断嵌入，其在市场交易中存在着信息不对称、适应市场能力不足等问题。提高农村集体经济参与市场的能力，需按照现代企业制度的要求健全农村集体经济组织内部结构，其中，使农村集体经济组织财务管理水平，尤其是使投融资的决策水平和市场接轨尤为重要。应按市场发展要求，建立健全财务管理制度，如实反映农村集体经济组织的财务状况；合理筹集资金，管好用好集体资产，建立健全收益分配制度和激励约束机制，加强财务信息管理，完善财务监督，控制财务风险。

三是着力培养农村集体经济组织"领头雁"。应结合乡村人才振兴战略，积极引进并培育农村集体经济组织带头人，加强带头人能力和素质的提升，建立健全村集体经济组织带头人市场化选聘机制和股权分红激励机制，鼓励支持有条件的情况下聘请职业经理人充实领头雁队伍，确保村集体经济组织能够依法独立进行经济活动的自主权，推动村集体经济组织持续健康发展。而且还要加强新型农村集体经济组织管理人才队伍建设，培养和引进一批既有文化、懂技术、会经营，也熟悉市场经济规则、具备专业化经营管理能力的专业人才队伍，为新型农村集体经济发展注入新鲜血液。

结语

乡村兴则国家兴，乡村衰则国家衰。我国农村人口占全国人口大多数，如果农村发展不到位，整个国家就不可能实现稳定发展。我国边疆民族地区乡村治理更是与国家整体乡村治理紧密关联、相互联系，同时又集边疆和民族事务治理等多重属性，承载着维护国家安全、边疆稳定的重要政治使命。充分认识我国边疆民族地区乡村治理的时代意蕴，对当前我国边疆民族地区乡村治理存在的问题进行客观分析，对提升边疆民族地区乡村治理效能，维护国家安全和边疆民族地区乡村社会稳定，具有重要的现实意义和长远的战略意义。本研究以延边州龙井市智新镇明东村为田野点，考察了明东村一核多元乡村治理的实践、成效，以及民族地区乡村治理面临的困境与偏差，并提出了破解困境的一些思路与对策。透过本文，得到了以下几方面的认识和结论。

第一，要实现乡村治理，首先要认识上实践上克服传统的自上而下的"统治""管理"思维理念，转向多元协同共治。当今，在关于治理的各种定义中，最具权威性和代表性的是全球治理委员会于1995年发表的《我们的全球伙伴关系》中作出的界定，即治理是指公共与私人的个人和机构管理其共同事务的各种方式的总和。它是使相互冲突的或不同的利益得以调和并且采取联合行动的持续的过程。它既包括有权迫使人们服从的正式制度和规则，也包括各种人们同意或认为符合其利益的非正式的制度安排。它是一个持续的过程，使相互冲突或不同利益予以兼顾并采取合作。既包括具有强制性特征的正式制度和规则，也包括人们同意或认为符合其利益的非正式的制度。其特征包括：治理是一个过程，而非是一套规则或一种活动；治理过程的基础是协调，而非控制；治理既涉及公共部门也包括私人部门；治理是一种持续互动，而非正式的制度[1]。由此可见，治理的主体不拘泥或不限于传统的政府，它既可以是公共机构或私人机构，也可以是二者的合作，形成"政治国家与公民社会、政府与非政府、公共机构与私人机构、强制与自愿"的合作。也就是说，治理是一个上下左右互动的管理过程，各主体通过合作、协商、伙伴关系、确立认同和共同的目标等方式，实施对公共事务的管理，这种建立在市场原则、公共利益和认同之上的合作是其实质所在。在管理机制上，主要依靠多元主体的合作网络权威，而不是依靠单一的和自上而下的政府的权威。乡村治理亦如此，乡村治理模式的未来走向趋向于政党中心、集成治理。除基层政府外，还有其他治理主体(各类组织和公民个人)的多元协作行为提供公共物品，通过治理主体之间的互动、协商与合作，实现公共治理目标的最大化。全面免除农业税后，"乡政村治"模式面临诸多困境，多元共治的乡村治理模式成为适应农村发展的新治理模式。多元共治的乡村治理模式的形成既是解决"乡政村治"困境的现实选择，也是回应乡村社会内

1　俞可平. 治理和善治：一种新的政治分析框架[J]. 南京社会科学，2001(09)：40-44.

部自治力量成长、实现乡村善治的必然之举。这一模式的构建，需要诸多治理主体的共同努力，也需要优化乡村治理的环境。

第二，必须清醒地认识到当今乡村治理面临的诸多困境。从明东村的实践中可以看到，乡村治理效果明显，广大农民安居乐业、农村社会安定有序。但也要清醒地看到，新形势下乡村治理面临诸多问题。其一是体制性困境。《中华人民共和国村民委员会组织法》《村民委员会组织法》明确规定，乡镇政府和村民委员会是"指导"与"被指导"的关系，而非"领导"与"被领导"的关系，但是传统的"压力型体制"仍然或多或少地影响着乡村治理。在乡村治理过程中，依旧有乡镇干部认为乡镇政府才是第一主体，而村两委是乡镇政府下属行政机构，习惯用行政命令的方式，致使村民自治行政化。而基层村支部与村民委员会主任"一肩挑"又有可能导致多重身份的重叠及权威和相应社会资本在一人身上的集中，无形中形成一种"一权独大"的集权体制，助长村委会主任和村支书的个人专断作风，容易形成"一言堂"的家长制作风，无法将村民代表大会制度、村民民主理财制度、"四议两公开"工作法等落实到位，村务不能公开透明。其二是主体缺失。农村空心化是我国农村转型过程中出现的一个突出的社会现象，在农村人口的大规模流动中，村庄也迅速趋于老龄化、空心化。朝鲜族地区由于跟韩国的各种千丝万缕的关系，跨国流动更是成为广大朝鲜族农村地区的一个不容忽略的社会现象，人力资源严重流失，村两委缺乏合适的人选，无法将农民有效地组织起来，社会组织发展相对滞缓。其三是现有农地制度的弊端。乡村治理是国家治理的基石，土地理所当然是乡村治理的基石。毫无疑问，改革开放以后我国实施的家庭联产承包责任制对激发农民的生产积极性、促进农村经济和社会的发展作出了巨大贡献，但在实施过程中，也暴露出一些深层次的矛盾。从乡村治理的角度而言，以家庭为中心的现今土地制度，助长了"农户主义"，切断了农民个体与村庄共同体、村集体、基层政府之间的利益关联，使农民处于"一盘散沙"的状态。而在农村社会治理实践中，最主要的矛盾或者说最大的拦路虎恰恰就是这种农民群体的"一盘散沙"[2]。不仅如此，"包产到户"的小而散、效率低的小农经济也严重制约土地经营的集约化、规模化、产业化、市场化过程，集体经济难以增长。

第三，构建共建共治共享的乡村多元合作治理格局。从宏观来看，我国正处于乡村振兴的关键时期，全面推进"五位一体"总体布局，持续加大对"三农"的投入力度和统筹城乡发展力度，提高城乡经济的关联度，农业农村发展的有利条件和积极因素日益增多，进一步夯实高质量发展基础，为乡村治理现代化提供了新的机遇。各地要因地制宜，对乡村治理确立起长期性、渐进性和实效性的原则，从而真正富有实际绩效地推进乡村治理现代化。一是，优化多元治理主体，提升乡村治理成效。当下，协同共治已经成为创新乡村治理体系的重要路径选择，并在农村社区建设中加以实践和运用。要明确政府担任的角色，厘清责任清单，从"管制"到"服务"，转变政府职能重心；坚持和完善党的全面领导制度体系，突出基层党组织的"核心"地位，最大限度地发挥村民委员会的主导作用，使体制内的农村社会组织成为乡村治理的主角。鉴于当前我国"现代意义上的农民组织尚未建立起来"的现状，多渠道培育和扶持体制外农

---

2 宋亚平. 农村治理现代化进程中的农民问题[J]. 湖北民族大学学报，2020(01)：10-13.

村社会组织，推动民间社会组织与乡村治理的良性互动。二是，多措并举补齐乡村治理人才短板。当下，人才短缺、能量不足、老龄化、空心化是制约民族地区乡村治理进程的一大瓶颈。在发挥既有村两委干部、驻村书记、"新乡贤"等精英人才的头雁效应的同时，出台相关政策、搭建就业平台，多措并举加大流动"农民工"回引力度，发挥返乡"农民工"的资源优势。三是改革创新现有农地制度，形成富有特色的土地经营制度，壮大集体经济。相对限制农户的承包经营权，对土地只确权不确地，或对"包产到户"的农村资产再度实行股份制市场化改革。在执行现有农村土地承包政策制度的基础上，理顺集体经济组织和农民的财产关系，农民可以按照自己的意愿，选择是否将自己的房屋、宅基地和承包地等权益和集体资产进行资本量化、股份制改造。由集体经济组织作为农村土地资本的代表，与市场资本进行股份合作，依法组成公司从事经营活动，对土地等农业生产要素进行市场化开发，创造出"集体经济和农民权益股份制公司化经营"的农村新经济模式，实现农业资产的市场化经营。此举既可盘活农村资产，通过市场壮大农村集体经济，又可将分散的农民权益整合于农村集体经济组织之中发挥作用，增强个体化农民与村共同体、村集体的共同利益点，有助于将农民组织起来。

参考文献

一、中文专著与译著

[1] 埃莉诺·奥斯特罗姆.制度激励与可持续发展[M]，上海：上海三联书店，2000.

[2] 埃莉诺·奥斯特罗姆.公共事务的治理之道 集体行动制度的演进[M].金逊达，陈旭东译.上海：译文出版社，2012.

[3] [美]白苏珊著；郎友兴，方小平译.乡村中国的权力与财富：制度变迁的政治经济学[M]. 杭州：浙江人民出版社，2009.

[4] 白跃世.中国农业现代化路径选择分析[M].北京：中国社会科学出版社，2004.

[5] [美]卜凯.中国农家经济[M].张履鸾译.山西：山西出版社，2015.

[6] 布朗.比较政治学读本[M]. 北京：北京大学出版社，2003.

[7] 程同顺.中国农民组织化研究初探 [M].天津：天津人民出版社，2003.

[8] [美]丹尼尔·哈里森·葛学溥.华南的乡村生活：广东凤凰村的家族主义社会学研究[M]. 周大鸣译. 北京：知识产权出版社，2012.

[9] 登哈特JV，登哈特RB.新公共服务：服务，而不是掌舵[M].丁煌译.北京：中国人民大学出版社，2010.

[10] 邓国胜.社会组织与乡村振兴[M].北京：经济管理出版社，2022.

[11] 邓小平文选(第1卷)[M].北京：人民出版社，1989.

[12] 邓小平文选(第 2-3 卷)[M].北京：人民出版社，1993.

[13] 杜玉华.马克思社会结构理论与当代中国社会建设[M].上海：学林出版社，2012.

[14] [印]杜赞奇.文化、权力与中国：1900—1940 年的华北农村[M].王福明译.南京：江苏人民出版社，2003.

[15] 费孝通.美国与美国人[M].北京：三联书店，1985.

[16] 费孝通.乡土中国[M].北京：生活·读书·新知三联书店，1985.

[17] 费孝通.江村经济[M].上海：上海人民出版社，2006.

[18] 费孝通.乡土重建[M].上海：人民出版社，2008.

[19] [美]弗里曼，毕克伟等.中国乡村，社会主义国家[M].陶鹤山译. 北京：
社会科学文献出版社，2002.

[20] [日]富永健一著.社会结构与社会变迁：现代化理论[M].董兴华译.昆
明：云南人民出版社，1988.

[21] 葛忠兴.中国少数民族地区发展报告[M].北京：民族出版社，2006.

[22] 国务院法制办公室.中华人民共和国村民委员会组织法注解与配套第4版
[M].北京：中国法制出版社，2017.

[23] 郭正林.中国农村权力结构[M]. 北京：中国社会科学出版社，2005.

[24] 何显明.治理民主·中国民主成长的可能方式[M]. 北京：中国社会科学出
版社， 2014.

[25] 贺雪峰.新乡土中国[M].北京：北京大学出版社，2013.

[26] 贺雪峰.乡村治理的社会基础[M].北京：生活书店出版社，2020.

[27] 胡锦涛文选(第1-3 卷)[M].北京：人民出版社，2016.

[28] [美]黄宗智.长江三角洲小农家庭与乡村发展[M].北京：中华书局，
2000.

[29] [美]黄宗智.华北的小农经济与社会变迁[M].北京：中华书局，2004.

[30] 江时学.拉美发展模式研究[M].北京：经济管理出版社，2007.

[31] 江泽民文选(第1-3 卷)[M].北京：人民出版社，2006.

[32] 匡自明.中国少数民族地区农村基层政权建设研究[M].昆明：云南大学
出版社，2002.

[33] 赖海榕.乡村治理的国际比较[M].长春：吉林人民出版社，2006.

[34] 列宁全集(第1-43 卷)[M]北京：人民出版社，1988.

[35] 李凡.中国基层民主发展报告2006-2007[M].北京：知识产权出版社，
2007.

[36] 李克强.政府工作报告[M].北京：人民出版社，2014.

[37] 李义波.村民自治与村民委员会选举[M].北京：中国三峡出版社，2007.

[38] 刘锋.中国现代化进程中的农民问题[M].西安：陕西人民出版社，1994.

[39] 刘鸿渊.新农村建设中农民主体作用研究——以西南少数民族地区为例[M].北京：中国社会科学出版社，2016.

[40] 罗伯特·罗茨.新的治理[M].北京：社会科学文献出版社，2000.

[41] 陆学艺."三农论"当代中国农业、农村、农民研究[M].北京：社会科学文献出版社，2002.

[42] [美]马克·塞尔登.他们为什么获胜？——对中共与农民关系的反思[M].南开大学历史系编.中外学者论抗日根据地.北京：档案出版社，1985.

[43] 马克思恩格斯选集(第1-4卷)[M].北京：人民出版社，1995.

[44] [德]马克斯．韦伯.韦伯作品集(III)[M].桂林：广西师范大学出版社，2003.

[45] 毛泽东选集(第1-4卷)[M].北京：人民出版社，1991.

[46] [法]皮埃尔·卡蓝默，高瀚译.破碎的民主：试论治理的革命[M].上海：生活·读书·新知三联书店，2005.

[47] 钱淼.农民合作社制度思辨[M].济南：山东人民出版社，2017.

[48] 秦庆武，许锦英等.中国"三农"问题的困境与出路[M].济南：山东人民出版社，2004.

[49] 权丽华.国家治理能力现代化背景下的乡村治理研究[M].北京：光明日报出版社，2016.

[50] 饶旭鹏.农户经济行为与农村社会治理研究[M].北京：光明日报出版社，2016.

[51] 任晓.韩国经济发展的政治分析[M].上海：上海人民出版社，1995.

[52] [爱尔兰]瑞雪·墨菲等.农民工改变中国[M].黄涛，王静译.杭州：浙江人民出版社，2009.

[53] [英]史蒂芬·奥斯本.新公共治理?——公共治理理论和实践方面的新观点[M].包国宪译.北京：科学出版社，2016.

[54] 苏力.送法下乡：中国基层司法制度研究[M].北京：中国政法大学出版社，2000.

[55] 孙林，吴惠芳.城镇化进程中的乡村治理[M].北京：中国农业出版社，2015.

[56] 陶希东.共建共享论社会治理[M].上海：上海人民出版社，2017.

[57] 陶学荣，陶叡.走向乡村善治——乡村治理中的博弈分析[M].北京：中国社会科学出版社，2011.

[58] 田敏等.少数民族农民工参与新农村建设的实践[M].广州：世界图书广东出版公司，2012.

[59] 同春芬.转型时期中国农民的不平等待遇透析[M].北京：社会科学文献出版社，2006.

[60] [法]托克维尔.论美国的民主(上卷)[M]. 董国良译. 北京：商务印书馆，1991.

[61] 王浦劬.新时代的政治与治政研究[M].北京：人民出版社，2019.

[62] 习近平.摆脱贫困[M].福州：福建人民出版社，1992.

[63] 习近平.现代农业理论与实践[M].福州：福建教育出版社，1999.

[64] 习近平.2017年10月18日决胜全面建成小康社会夺取新时代中国特色社会主义伟大胜利在中国共产党第十九次全国代表大会上的报告[M].北京：人民出版社，2017.

[65] 习近平.习近平谈治国理政[M].北京：外文出版社，2020.

[66] 谢立中，孙立平.二十世纪西方现代化理论文选［M］.上海: 生活.读书.新知三联书店，2002.

[67] 徐更生.我们的治农方略：化解三农问题的"另类"方案[M].北京：中国社会科学出版社，2006.

[68] 徐光辉.农村和谐论丛 云南省少数民族地区农村和谐社会建设研究[M].

昆明：云南大学出版社，2008.

[69] 徐勇.中国乡村村民自治[M].武汉：华中师范大学出版社，1997.

[70] 徐勇.乡村治理与中国政治[M].北京：中国社会科学出版社，2003.

[71] 杨菊平.非正式制度与乡村治理研究[M].上海：上海交通大学出版社，2016.

[72] 杨宗亮.云南少数民族村落文化建设探索[M].成都：四川大学出版社，2007.

[73] [英]英格尔斯著，殷陆君译.人的现代化[M]. 成都：四川人民出版社，1985.

[74] 俞可平.治理与善治[M].北京：社会科学文献出版社，2000.

[75] 俞可平.中国公民社会的兴起与治理的变迁[M].北京：社会科学文献出版社，2002.

[76] 于昆.共享发展研究[M].北京：高等教育出版社，2017.

[77] 于水.乡村治理与农村公共产品供给[M].北京：社会科学文献出版社，2008.

[78] 袁方. 社会研究方法教程[M]. 北京：北京大学出版社，1997.

[79] [美]詹姆斯·罗西瑙.没有政府的治理[M].张胜军等译.南昌：江西人民出版社，2001.

[80] 张丽君等.中国少数民族地区扶贫进展报告2016[M].北京：中国经济出版社，2017.

[81] 张新华.新中国探索"三农"问题的历史经验[M].北京：中共党史出版社，2007.

[82] 中共中央政策研究室农村组.江总书记视察农村[M]. 北京：中国农业出版社，1999.

[83] 中共中央文献研究室.十七大以来重要文献选编(上)[M].北京：中央文献出版社，2009.

[84] 中央农业广播电视学校组编.农民合作社建设管理[M].北京：中国农业

出版社，2017.

[85] 朱家桢.东亚经济社会思想与现代化〔M〕.太原：山西经济出版社，
1994.

二、中文期刊及学位论文

[1] 保虎.新时代边境民族乡村振兴的人本理性逻辑研究——以云南省西双版
纳傣族自治州X村为例[D].华东师范大学，2018.

[2] 蔡文成.基层党组织与乡村治理现代化：基于乡村振兴战略的分析[J].理
论与改革，2018(03).

[3] 曹海林，任贵州.农村基层公共服务设施共建共享何以可能[J].南京农业
大学学报(社会科学版)，2017，17(01).

[4] 陈健.新时代乡村振兴战略视域下现代化乡村治理新体系研究[J].宁夏社
会科学，2018(06).

[5] 陈立栋.农村党支部在促进乡村治理中的功能研究[J].学校党建与思想教
育，2020(12).

[6] 陈明.乡村治理现代化研究论纲[J].华中科技大学学报(社会科学版)，
2020(04).

[7] 陈永蓉.国家治理现代化背景下的村规民约研究[D].湖中师范大学，2017.

[8] 程瑞山,任明明.乡村"治理有效"的意蕴与考量[J].科学社会主义，
2019(03).

[9] 单忠献.我国乡村治理的回顾、检视与现代化进路[J].经济与社会发展，
2018(04).

[10] 丁明秀.从失序走向有序：乡村精英推动下的乡村治理[J]. 社科纵横，
2020(04).

[11] 丁文，戴凯.合作共治：三治融合视阈下的村民自治转型——基于W
村的实证调查[J]. 华中师范大学学报(人文社会科学版)，
2021(05).

[12] 董帅兵.中国共产党领导乡村治理的百年历程、基本经验与实践启示[J].西南民族大学学报，2022(03).

[13] 杜智民.乡村多元主体协同共治的路径构建[J].西北农林科技大学学报，2021(04).

[14] 范拥军.乡级治理现代化研究[D].河北师范大学，2016.

[15] 范拥军，郝庆禄.构建乡村治理新格局[J].人民论坛，2017(31).

[16] 方志权.发展壮大新型农村集体经济之我见[J].上海农村经济，2023(01).

[17] 冯仕政.中国道路与社会治理现代化[J].社会科学，2020(07).

[18] 付翠莲.我国乡村治理模式的变迁、困境与内生权威嵌入的新乡贤治理[J].地方治理研究，2016(01).

[19] 高宝琴.多元组织参与乡村治理的优化机制——基于合作博弈的视角[J].东岳论丛，2015(05).

[20] 高千，张英魁.乡村振兴战略下乡村治理主体冲突及其化解策略[J].宁夏社会科学，2019(06).

[21] 龚美婷.改革开放以来中国共产党社会治理思想在民族地区的实践研究[D].广西民族大学，2017.

[22] 龚维斌.韩国新村运动评析[J].国家行政学院学报，2006(04).

[23] 古洪能.基层政府公信力流失的博弈机制与出路探究[J].行政科学论坛，2019(01).

[24] 管文行.乡村振兴背景下农村治理主体结构研究[D].东北师范大学，2019.

[25] 桂华.面对社会重组的乡村治理现代化[J].政治学研究，2018(05).

[26] 郭鹏.农村社会组织参与乡村治理：功能、挑战与路径[J]山西高等学校社会科学学报，2022(09).

[27] 郭正林.中国农村二元权力结构论[J].广西民族学院学报(哲学社会科学版)，2001(06).

[28] 郭正林.乡村治理及其制度绩效评估：学理性案例分析[J].华中师范大学

学报(人文社会科学版)，2004(04).

[29] 郝宏桂.民国乡村建设运动与韩国新村运动的历史比较[J]. 农业考古，
2006(06).

[30] 何傲.乡村治理视角下少数民族地区村规民约的功能研究——以恩施州
建始县三道岩村为例[D].湖北民族学院，2018.

[31] 何慧丽，万威.从"祖灵祭"到"骂社火"：现代化背景下乡村治理的内生力
探讨[J].中共浙江省党校学报，2016(06).

[32] 贺海波.论新时代县乡村治理的责任共同体[J].社会主义研究，2021(06).

[33] 何明，王越平.全球化背景下边疆社会稳定研究的几个问题[J].云南师范
大学学报(哲学社会科学版)，2009(03).

[34] 何瑞娟，祝国超.民俗学视野下民间信仰的社会治理功能探析——对
贵州响水乡白族本主崇拜的田野考察[J].重庆理工大学学报，
2016(08).

[35] 贺雪峰.乡村治理研究与村庄治理研究[J].地方财政研究，2007(03).

[36] 贺雪峰.乡村振兴与农村集体经济[J].武汉大学学报(哲学社会科学版)，
2019(04).

[37] 贺雪峰.行政还是自治：村级治理向何处去[J].华中农业大学学报，
2019(06).

[38] 胡桂彬.乡村振兴战略下驻村第一书记角色重构与作用发挥研究[J].领导
科学，2022(04).

[39] 黄辉祥，万君.乡村建设：中国问题与韩国经验——基于韩国新村运动
的反思性研究[J]社会主义研究，2010(06).

[40] 黄金丽.延边地区乡村智慧治理路径研究[D].延边大学，2021.

[41] 黄君录，何云庵.新时代乡村治理体系建构的逻辑、模式与路径——基
于自治、法治、德治相结合的视角[J].江海学刊，2019(04).

[42] 黄亦君.社会资本与乡村治理：以新农村建设语境下的贵州民族村寨为
例[J].鲁东大学学报，2015(02).

[43] 黄永林，袁渊.论村规民约治理的形成及其与现代法治的关系[J].湖北民族学院学报(哲学社会科学版)，2019(02).

[44] 江国华，刘文君.习近平"共建共治共享"治理理念的理论释读[J].求索，2018(01).

[45] 江国华，罗栋梁.乡镇政府治理职能完善与治理能力现代化转型[J].江西社会科学，2021(07).

[46] 蒋锐，刘鑫.中国乡村治理模式的转型：从嵌入汲取型到整合服务型[J].当代世界社会主义问题，2021(02).

[47] 姜晓萍，许丹. 新时代乡村治理的维度透视与融合路径[J].四川大学学报(哲学社会科学版),2019(04).

[48] 姜晓萍.乡村治理体系和治理能力现代化的实现途径[J].湖北民族大学学报(哲学社会科学版)，2020(01).

[49] 蒋永穆等.新中国70年乡村治理：变迁、主线及方向[J].求是学刊，2019，46(05).

[50] 金荣枰等.韩国新村运动对中国农村发展的启示[J].经济社会体制比较，2007(04).

[51] 金绍荣，张应良.优秀农耕文化嵌入乡村社会治理：图景、困境与路径[J].探索，2018(04).

[52] 孔凡义等.社会组织去行政化：起源、内容和困境[J].武汉科技大学学报(社会科学版)，2014(05).

[53] 孔繁武.治理对话统治——一个政治发展范式的阐释[J].南京社会科学，2005(11).

[54] 孔样智.美国农村小城镇发展[J].中国改革，1999(07).

[55] 李传忠.关于完善乡村治理多元参与机制的思考——以协同治理理论为视角[J].闽南师范大学学报，2020(04).

[56] 李国祥.实现乡村产业兴旺必须正确认识和处理的若干重大关系[J].中州学刊，2018(01).

[57] 李何春，包丽红.论民间信仰在民族地区乡村治理中的功能——基于那坡县黑衣壮聚居区的田野调查[J].广西师范大学学报，2016(03).

[58] 李辉.迈向党委统领的乡村善治：中国乡村治理范式的新飞跃[J].探索，2021(05).

[59] 李金锴等.乡村治理何以有效？——国外典型实践模式及启示[J].山西农业大学学报，2022(01).

[60] 李竞莹.新公共管理视角下农村民间组织的功能分析——对广西陆川县民间组织的调查与思考[J].企业科技与发展，2008(04).

[61] 李梅花.试析朝鲜族跨国人口流动的新变化——以延边朝鲜族聚居区为例[J].八桂侨刊，2015(03).

[62] 李梅花.跨界·认同·发展：朝鲜族跨国人口流动的三个面向[J].北方民族大学学报(哲学社会科学版)，2018(01).

[63] 李梅花，崔金南.少数民族人口流动与边疆社会治理困境——以延边朝鲜族自治州为例[J].重庆三峡学院学报，2019(04).

[64] 李淇，秦海燕.乡村治理现代化视域下"村两委一肩挑"模式研究[J].河南科技大学学报(社会科学版)，2019(04).

[65] 李术峰."政党统合型"乡村治理体系研究——以新中国成立初期农村变迁为视角(1949—1956)[D]. 北京大学，2019.

[66] 李蕴哲，戴玉琴.乡村治理中基层党组织政治功能强化的三维审视[J].学海，2020(06).

[67] 李兴旺，王建国.政治与习俗：少数民族地区村规民约与村庄治理——基于云南红河若干少数民族村寨的调查[J].黔南民族师范学院学报，2014(03).

[68] 李永权.延边地区美丽乡村建设问题研究[D].延边大学，2018.

[69] 李占宾.基层治理的现实困境及法治化路径[J]. 河南师范大学学报(哲学社会科学版)，2016(01).

[70] 李正华.新中国乡村治理的经验与启示[J].当代中国史研究，2011(01).

[71] 李志农，乔文红.传统村落公共文化空间与民族地区乡村治理——以云南迪庆藏族自治州德钦县奔子栏村"拉斯节"为例[J].学术探索，2011(08).

[72] 梁纪毅.新时代乡村治理：困境与破局[J].农业经济，2021(10).

[73] 梁健.乡村治理现代化语境下的村委会审视：定位、困境及角色[J].山东行政学院学报，2021(01).

[74] 廖林燕.乡村振兴视域下边疆民族地区乡村治理机制创新研究[J].西北民族大学学报(哲学社会科学版)，2018(01).

[75] 林星，王宏波.乡村振兴背景下农村基层党组织的组织力：内涵、困境与出路[J].科学社会主义，2019(05).

[76] 林忠生，杨清.浅谈新农村建设中农村民间组织的兴起及角色定位[J].前沿，2007(04).

[77] 刘建平，陈文琼."最后一公里"困境与农民动员——对资源下乡背景下基层治理困境的分析[J].中国行政管理，2016(02).

[78] 刘佩锋.农村基层党组织功能缘何弱化[J].人民论坛，2019(21).

[79] 刘伟，黄佳琦.乡村治理现代化中的简约传统及其价值[J]. 厦门大学学报(哲学社会科学版)，2020(03).

[80] 刘烨瞳.延边朝鲜族自治州乡村振兴与边境民族村寨建设研究[D].延边大学，2022.

[81] 刘志阳，李斌.乡村振兴视野下的农民工返乡创业模式研究[J].福建论坛(人文社会科学版)，2017(12).

[82] 卢福营.乡村精英治理的传承与创新[J].浙江社会科学，2009(02).

[83] 鲁美善.民族村落振兴中基层党组织的作用研究[D].延边大学，2021.

[84] 卢明威.民俗习惯在乡村治理中的秩序维护功能分析—基于广西南宁市金陵镇的调查[J].广西民族大学学报(哲学社会科学版)，2016(02).

[85] 卢洋.中国农村集体经济实现形式研究[D].四川大学，2022.

[86] 罗彩娟.民族地区乡村治理的资源结构与整合逻辑——以马关县马泗村为例[J].广西民族大学学报，2016(02).

[87] 罗敏.新时代乡村共生治理有效实现的五个维度[J].求实，2019(05).

[88] 马超，李晓广.乡村多元主体协同治理的发展逻辑与实现路径[J].山西农业大学学报，2015(07).

[89] 马华，马池春.乡村振兴战略与国家治理能力现代化的耦合机理[J].江苏行政学院学报，2018(06).

[90] 马彦涛.打造我国乡村治理体系的三维审视[J].宁夏党校学报，2018，20(01).

[91] 毛一敬.构建乡村治理共同体：村级治理的优化路径[J].华中科技大学学报，2021(04).

[92] 莫文希.村民自治过程中行政化倾向问题探析[J].山西青年，2013(08).

[93] 梅长青，李达.多元主体共治：新时代乡村治理创新的主要轨迹[J].云南行政学院学报，2019(01).

[94] 宁华宗.新时代乡村治理结构现代化：方向与路径[J].贵州社会科学，2021(06).

[95] 宁鑫.乡村治理现代化中的农民主体性研究[D].福建师范大学，2021.

[96] 潘登，邵会廷.人民主权原则下的农村精英治理[J].经济研究导刊，2013(32).

[97] 彭国胜.改革开放以来民族地区农村社会结构的变迁及其对乡村治理的影响[J].贵州师范大学学报，2015(04).

[98] 朴今海，王春荣.流动的困惑：朝鲜族跨国流动与边疆地区社会稳定——以延边朝鲜族自治州边境地区为例[J].中南民族大学学报(人文社会科学版)，2015(02).

[99] 朴今海,姜哲荣.流动的困惑：跨国流动中的朝鲜族身份认同多元化[J].广西民族研究,2017(03).

[100] 朴今海，孙云彤.跨境公共安全治理研究——以延边朝鲜族自治州中朝边境地带为例[J].东疆学刊.2022(02).

[101] 朴京花，朴今海."生活化"：朝鲜族非遗保护与可持续发展路径研究[J].北方民族大学学报(哲学社会科学版)，2019(03).

[102] 朴美兰.延边社会变迁与社会治理创新研究[J].文化创新比较研究，2019(02).

[103] 朴美兰，程昊.东北朝鲜族聚居地区人口流失与社会治理——以延边朝鲜族自治州为例[J].东疆学刊，2023(01).

[104] 邱玉婷.多中心治理视域下乡村治理结构重塑[J].人民论坛，2015(20).

[105] 冉瑞燕.论民族习惯法对乡村社会的治理——以湘鄂西民族地区为例[J].民间法(第八卷)，2009(01)

[106] 任群委，黄小勇.新时代背景下行政化治理与村民自治耦合的路径优化[J].中国延安干部学院学报，2019(02).

[107] 任艳妮.多元化乡村治理主体的治理资源优化配置研究[J].西北农林科技大学学报，2012(02).

[108] 邵静野.中国社会治理协同机制建设研究[D].吉林大学，2014.

[109] 史天健.中国大陆的文化价值观念与民主[J].中国季刊(中国选举特刊)，2000(06).

[110] 宋亚平.农村治理现代化进程中的农民问题[J].湖北民族大学学报，2020(01).

[111] 宋勇刚.中国共产党执政以来的县域治理研究[D].中共中央党校，2018.

[112] 舒丽丽.现代化进程中侗族地区乡村治理文化机制探究——以湖南通道侗族自治县为例[J].思想战线，2010(03).

[113] 孙卫.边疆民族地区农村社会治理的特殊性探析——以云南临沧市为例[J].中共云南省委党校学报，2011(05).

[114] 孙玉娟，孙浩然.构建乡村治理共同体的时代契机、掣肘因素与行动逻辑[J].行政论坛，2021(05).

[115] 覃杏花.我国农村社会组织自治现状及其完善路径[J].江西社会科学,
　　　2016(09).

[116] 谭新雨.边疆民族地区民间组织在乡村治理中的作用探析——以河口县
　　　A村老年协会为例[J].山东行政学院学报，2013(06).

[117] 唐皇凤，汪燕. 新时代自治、法治、德治相结合的乡村治理模式：生
　　　成逻辑与优化路径[J].河南社会科学，2020，2(06).

[118] 唐建平等.农村社会组织建设对策研究[J].湖北社会科学，2010(12).

[119] 仝志辉.农民选举参与中的精英动员[J].社会学研究，2002(01).

[120] 涂丽.村庄组织对乡村治理的影响研究[D].中南财经政法大学，2019.

[121] 王传明."乡村振兴战略"的路径选择——中国乡村社会治理与文化建设
　　　学术研讨会综述[J].原生态民族文化学刊，2017，9(04).

[122] 王洁琼等.国外乡村治理数字化战略、实践及启示[J].图书馆，
　　　2021(11).

[123] 汪锦军.农村公共事务治理——政府、村组织和社会组织的角色[J].浙
　　　江学刊，2008(05).

[124] 王辉.论新时代乡村治理主体的角色定位[J].华北水利水电大学学报，
　　　2018(03).

[125] 王怀强.论脱贫攻坚对乡村治理体系和治理能力现代化的战略推进[J].
　　　云南民族大学学报(哲学社会科学版)，2020(04).

[126] 王丽霞.保安族乡村社区治理模式研究[D].兰州大学，2014.

[127] 王鹏.社会资本影响幸福感吗？——基于农村微观数据的经验分析[J].
　　　重庆工商大学学报，2016(04)

[128] 王少伯.新时代乡村治理现代化研究[D].中共中央党校，2020.

[129] 王四小.论民间信仰的乡村治理功能[J].求索，2013(01).

[130] 王小君.现阶段我国乡村治理能力现代化问题研究[D].河南师范大学，
　　　2016.

[131] 吴家庆，苏海新.论我国乡村治理结构的现代化[J].湘潭大学学报(哲学

社会科学版), 2015(02).

[132] 吴理财.中国农村治理变迁及其逻辑: 1949-2019[J].湖北民族学院学报
(哲学社会科学版), 2019(03).

[133] 吴理财.推进乡村治理现代化从民众参与开始[J].湖北民族大学学报(哲
学社会科学版), 2020(01).

[134] 吴文明.民族地区城市社会治理创新研究——以内蒙古自治区首府呼和
浩特市为例[D].内蒙古大学, 2018.

[135] 习近平在中共中央政治局第三十七次集体学习时强调坚持依法治国和
以德治国相结合推进国家治理体系和治理能力现代化[J].中国
纪检监察杂志, 2016(24).

[136] 肖应明.中国少数民族地区社会治理创新研究——以云南省为例[D].陕
西师范大学, 2015.

[137] 谢菊.新农村建设中的农村民间组织发展研究[J].中国行政管理,
2006(10).

[138] 谢元.新时代乡村治理视角下的农村基层组织功能提升[J].河海大学学
报, 2018(03).

[139] 熊兴等.乡村振兴背景下乡村治理的困境及对策研究[J].重庆文理学院
学报(社会科学版), 2022(02).

[140] 辛璟怡, 于水.主体多元、权力交织与乡村适应性治理[J].求实,
2020(02).

[141] 徐建.西部少数民族地区乡村治理问题研究[J].贵州民族研究,
2015(03).

[142] 徐洁, 韩莉.加大农村公共产品供给 促进二元经济结构转化——韩国
新村运动对我国农村经济发展的启示[J].北京联合大学学报,
2003(02).

[143] 徐琴.乡村振兴背景下农民主体性建设的自组织路径研究[J].内蒙古社
会科学, 2021, 42(01).

[144] 徐顽强，王文彬.乡村振兴战略背景下农村空心化治理与社区建设融合研究[J].农林经济管理学报，2019(03).

[145] 许晓，季乃礼.精准扶贫中村干部集体腐败的形成机理及治理路径[J].湖北民族大学学报，2020(02).

[146] 徐晓全.新型社会组织参与乡村治理的机制与实践[J].中国特色社会主义研究，2014(04).

[147] 徐勇.GOVERNANCE:治理的阐释[J].政治学研究，1997(01).

[148] 徐勇，吕楠．热话题与冷思考——关于国家治理体系和治理能力现代化的对话[J].当代世界与社会主义，2014(01).

[149] 严飞.构建乡村基层自治与乡村振兴战略相结合的社会治理新格局[J].南京社会科学，2020(11).

[150] 颜杨，刘永红.乡村治理中多元主体的博弈关系与法治破解路径[J].领导科学，2021(20).

[151] 姚锐敏.全面推行村级组织负责人"一肩挑"的障碍与路径[J]．中州学刊，2020(01).

[152] 杨斌.新时代中国共产党乡村治理研究[D].西南交通大学，2019.

[153] 杨善华.家族政治与农村基层政治精英的选拔、角色定位和精英更替——一个分析框架[J].社会学研究，2000(03).

[154] 杨啸，周建新.乡村振兴战略下中缅边境村寨边民流失问题及其治理策略[J].贵州民族研究，2020(02)

[155] [英]鲍勃·杰索普.治理与元治理：必要的反思性、必要的多样性和必要的反讽性[J].程浩译.国外理论动态，2014(05).

[156] [英]格里·斯托克.作为理论的治理：五个论点[J].华夏风译.国际社会科学杂志(中文版)，1999(01).

[157] 叶娟丽，曾红.中国乡村治理研究本土化概念建构的三个层次[J].理论与改革，2022(02).

[158] 俞可平.治理和善治引论[J].政治学，2000(01)

[159] 俞可平.治理和善治：一种新的政治分析框架[J].南京社会科学，2001(09).

[160] 俞可平.全球治理引论[J].马克思主义与现实，2002(01).

[161] 俞可平.全球化时代的善治[J].商务周刊，2002(13).

[162] 郁建兴，吕明再.治理：国家与市民社会关系理论的再出发[J].求是学刊，2003(04).

[163] 于涛. 组织起来，发展壮大集体经济(上)——烟台市推行村党支部领办合作社、全面推动乡村振兴[J].经济导刊，2019(12).

[164] 袁忠，刘雯雯.我国乡村多元治理格局的困境及其破解——基于"三治合一"乡村治理体系的思考[J]. 广东行政学院学报，2019(06).

[165] 岳奎.从一元治理到党领导下的乡村自治——中国乡村治理七十年[J].国家治理，2019(28).

[166] 曾斌."包产到户"经营模式与集体经济整合发展——兼论沙坪坝区农村集体经济发展路径[J].重庆行政，2011(13).

[167] 张弛等.荷兰乡村地区规划演变历程与后示[J].国家城市规划，2015(03).

[168] 张春照.乡村振兴背景下的服务型乡镇政府建设——基于国家治理体系现代化视角的研究[J].人民论坛·学术前沿，2019(02).

[169] 张帆.共同体重建：新世纪中国乡村自治政策的演进与升级[J].社会科学战线，2019(11).

[170] 张红霞.农村现代化变迁与社会工作介入农村社会治理路径研究[J].福建省委党校学报，2015(05).

[171] 张红霞，姜文静.农村社会治理场域变迁与政府角色转变[J].石家庄学院学报，2016(05).

[172] 张继焦.民族地区社会治理研究动态[J].民族论坛，2015(03).

[173] 张景峰.新时代健全自治法治德治相结合乡村治理体系探讨[J].河南科

技大学学报(社会科学版), 2018(06).

[174] 张雷, 唐京华.乡村振兴战略背景下中国乡村治理的路径论析[J].农业
经济, 2020(07).

[175] 张青.农村公共产品供给的国际经验借鉴——以韩国新村运动为例
[J].社会主义研究, 2005(05).

[176] 张伟军.多元复合治理体系与乡村善治的实现路径——基于历史与现实
的双重视角[J].山西农业大学学报(社会科学版), 2018(06).

[177] 张艳国, 刘小钧.我国社区建设的困境与出路[J].当代世界社会主义问
题, 2013(03).

[178] 张艺颉.乡村振兴背景下村民自治制度建设与转型路径研究[J]. 南京农
业大学学报(社会科学版), 2018(04).

[179] 赵刚.民族地区社会治理现代化与我国少数民族政策的调适[J].云南行
政学院学报, 2015(02)

[180] 赵刚.东北边疆朝鲜族聚居农村社会治理的困境与对策——以延边朝鲜
族自治州为例[J].贵州民族研究, 2016(01).

[181] 郑宇.当前中国边疆民族地区经济发展态势与突显问题解析[J].西南民族
大学学报(人文社科版), 2020(03).

[182] 钟红艳, 莫德建.提高少数民族地区基层群众有序参与乡村治理的参与
度研究[J].兴义民族师范学院学报, 2015(06).

[183] 周建华, 贺正楚.法国农村改革对我国新农村建设的启示[J]. 求索,
2007(03).

[184] 周建新, 黄超.跨国民族劳务输出中的族群认同与国家认同——以龙井
市龙山村S屯朝鲜族劳务输出韩国为例[J].思想战线, 2011(02).

[185] 周水仙.多元治理：完善乡村治理机制的必然选择[J].江苏省社会主义
学院学报, 2007(01).

[184] 周鑫泽.农村社会组织与社会管理创新[J].中共浙江省委党校学报,
2012(01).

[186] 邹渊.习惯法与少数民族习惯法[J].贵州民族研究, 1997(04).

[187] 朱海嘉, 甘鸿.新时代提升农村基层党组织组织力质量的实践路径探析 [J].理论导刊, 2022(02).

[188] 朱士华.我国乡村治理现代化建设中治理主体的责任研究[J].四川省社 会主义学院学报, 2017(01).

[189] 朱雅妮, 高萌.乡村治理现代化：治理模式、关键问题与实现路径—— 第四届中国县域治理高层论坛会议综述[J].华中师范大学学报 (人文社会科学版), 2020(02).

三、外文文献

[1] 김광선, 안석, 박지연. 농촌관광 활성화를 위한 융·복합 전략. 한국농촌경 제연구원 정책연구보고서, 2016.

[2] 고경호. 농촌 마을만들기 거버넌스의 활성화를 위한 주요 쟁점 및 정책 개 선방안에 관한 연구: 충남지역 내 민간위탁형 마을만들기 중간 지원조직 설치 지역을 사례로[J]. 한국유기농업학회지, Vol.29 No.1, 2021.

[3] 강기호, 이진희. 주민참여와 농촌 마을 만들기 사업성과의 관계에서 거버 넌스의 매개 효과 실증분석-제주 웃뜨르권역 사례를 중심으로 [J]. 농촌계획, Vol.21 No.1, 2015.

[4] 곽덕환. 중국 현대화와 신농촌건설[J]. 국제지역연구, Vol.10 No.3, 2006.

[5] 김승학. 농촌새마을운동과 농가소득구조[J]. 새마을연구, Vol.3, 1987.

[6] 김인. 중국 사회주의 신농촌 건설의 정치경제학[J]. 중국연구, Vol.38, 2006.

[7] 고영근. 중국농민의 정치참여 : 농촌 촌민자치의 운용을 중심으로[J]. 대한 정치학회보, Vol.10 No.3, 2003.

[8] 동덕여자대학교 한중미래연구소. 중국의 농촌경제와 사회주의 신농촌 건 설[J]. 한중미래연구,Vol.4, 2015.

[9] 민귀식. 후농업세시대(後農業稅時代) 중국 향진 거버넌스 변화——기층 정부 각 행위주체의 이익관계 변화를 중심으로[J]. 중소연구, Vol.38 No.4, 2015.

[10] 박덕병. 농정의 거버넌스(민관협치) 현황과 과제(1): 농촌협치와 농촌개발-EU와 영국의 사례[J]. 지역과 농업, Vol.2, 2007.

[11] 박진도. 농촌개발정책의 재구성. 서울: 한울아카데미, 2005.

[12] 염미경. 한석지. 농촌개발과 지역거버넌스[J]. 지역사회학, Vol.5 No.2, 2004.

[13] 이방환. 새마을운동과 농촌경제의 발전[J]. 새마을연구, Vol.4, 1981.

[14] 임상철. 강원도 새 농어촌 건설운동: 중국의 농촌운동에 주는 시사점[J]. 평화학연구, Vol.11 No.4, 2010.

[15] 조수성. 중국 농촌 기층 거버넌스의 현황 및 대안 탐색[J]. 대한정치학회보, Vol.18 No.1, 2011.

[16] 정원식. 농촌 지역혁신 정책과정에 있어서 로컬거버넌스의 형성과 영향[J].한국행정논집, Vol.23 No.3, 2011.

[17] 정환우. 중국신농촌건설운동의 내용과 시사점, 한국 농촌경제연구원-연구보고, 2006.

[18] 조형진. 중국의 사회주의 신농촌 건설과 기층 거버넌스 = 권위주의 체제의 공공재 공급과 국가-사회 관계[J]. 한국정치학회보, Vol.51 No.2, 2017.

[19] 최계련. 도·농 간 균형성장을 위한 중국 신농촌건설과 1970년대 한국 농촌새마을운동의 비교연구[J]. 한국학Vol.35 No.2, 2012.

[20] 호세전. 새마을운동 거버넌스의 중국적 적용[J]. 한국사회, Vol.11 No.2, 2010.

[21] 40주년 기념사업단 편, 새마을운동 40년. 새마을운동중앙회, 2010.

[22] Anthony Bebbington. Local Capacity, Village Governance, and the Political Economy of RuralDevelopmentin

Indonesia[J]. World Development, 2006, 34(11).

[23] Aparisi Fredric. Village Entrepreneurs:The Economic Foundations of Valencian Rural Elites in the FifteenthCentury[J]. Agricultural History, 2015, 89(03).

[24] Bryan Lohmar, Fred Gale, Francis Tuan, Jim Hansen. "China's Ongoing AgriculturalModernization Challenges Remain After30Year of Reform". "Economic Information Bulletin". 2009.

[25] Conference Information. 2002. The Countryside in the 21st Century British-Germans Perspective, Conference on Rural Policy. Rural Governance and Contempotary Countryside in Britain and Germany, September:3-7

[26] Darin Khongsat Daviwat, Dayant K. Routray. Local Government for Rural Development in Thailand[J]. International Journal of Rural Management, 2015,11(01).

[27] Daniel Kelliher, "The Chinese Debate over Village Self-Government", The China Journal, no. 37, January 1997.

[28] Elinor Ostrom. Governing the Commons:The Evolution of Institutions for Collective Action[M]. Cambridge, Cambridge University Press, 1990.

[29] Helen F.Siu.Agents and Victims in South China:Accomplices in Rural Revolution. New Haven:Yale University Press, 1989.

[30] Huang, Jikun, Keijiro Otsuku, and Scott Rozelle. The Role of Agriculture in China's Development. Pittsburgh Conference. 2004.

[31] Jenny Clegg.Rural cooperatives in China: policy and practice[J]. Journal of Small Business and Enterprise Development. 2006 (02).

[32] Jacobs, Embedded Autonomy and Uneven Metropolitan Development:A comparison of the Detroit and Nagoya Auto Regions, 1969-2000, [J]. Urban Studies 40(02).

[33] Kristen E.Looney. "China's Campaign to Build a New Socialist Countryside:Village Modernization, Peasant Councils, and the Ganzhou Model of Rural Development". The China Quarterly, 2015.

[34] MelanieF.Manion. The Electoral Connection in Chinese Countryside, in American Journal of Political Science, Vol. 90, December1996.

[35] Scott Rozelle, Johan F. M. Swinnen. Success and Failure of Reform: Insights from the Transition of Agriculture. Journal of Econometrics . 2004.

[36] Rozelle Scott and Guo Li. "Village Leaders and Land-Rights Formation in China."American Economics Review, 1998(05).

[37] Tony Saich: Citizens' Perceptions of Governance in Rural and Urban China[J]. Journal of Chinese Political Science, 2007(12).

[38] Vladislav Valentinov. Explaining the Rise of Rural Governance in Europe[J]. European Planning Studies, 2008, 16(08).

四、报纸、重要网站及其他

[1] 坚持以人民为中心的发展思想 努力让人民过上更加美好生活——学习《习近平关于社会主义社会建设的论述摘编》[N].人民日报 2017-10-11(06).

[2] 涂圣伟.加快发展新型农村集体经济[N].学习时报, 2021-03-24.

[3] 习近平李克强王沪宁赵乐际韩正分别参加全国人大会议一些代表团审议，人民日报，2018-03-09.

[4] 习近平在中共中央政治局第三十七次集体学习时强调坚持依法治国和以德治国相结合推进国家治理体系和治理能力现代化[N].人民日报，2016-12-11(01).

[5] 徐补生.寻找今天的"乡贤"[N].人民日报，2015-08-17.

[6] 引领基层社会治理新高度[N].光明日报，2020-01-15(05).

[7] 于平.建设文化强国：以文化人，先要以人为本.人民日报，2013-01-29.

[8] 在有效治理中实现乡村振兴[N].经济日报，2019-01-02.

[9] 田必耀.改写农村政治生态——中国农村村民自治演进之观察[EB／OL].人民网，2005-12-05.

[10] 习近平参加十二届全国人大四次会议上海代表团的审议[EB／OL].人民网，2014-11-14.

[11] 许耀桐.从五个角度理解"国家治理"——理论.人民网，2014-09-11.http://theory.people.com.cn/n/2014/0911/c388581-25643097.html

[12] 习近平在中国共产党第十九次全国代表大会上的报告[G].党的十九大文件汇编，北京：党建读物出版社，2017.

[13] 中共中央办公厅，国务院办公厅.关于加强和改进乡村治理的指导意见.国务院公报，2019年第19号.

[14] 中共中央、国务院.中共中央国务院关于实施乡村振兴战略的意见[Z].2018-01-02.

[15] 吉林省交通运输厅.2018年明东村脱贫攻坚工作总结.2018-12-28

[16] 吉林省民政厅.吉林省民政厅关于印发《吉林省培育发展社区社会组织专项行动实施方案(2021－2023年)》的通知.吉民发〔2021〕24号，2021-06-04.

[17] [美]戴慕珍(Jean C.Oi).选举与权力：中国村庄的决策主导者[C].华中师

范大学中国农村问题研究中心"中国农村村民委员会选举学术研讨会", 2000.

[18] 欧博文.村民、选举及公民权[C].香港中文大学服务中心、香港浸会大学政府与国际研究系."第二届大陆村级组织建设学术讨论会", 2001.

[19] 全球治理委员会.我们的全球伙伴关系[R].伦敦：牛津大学出版社, 1995：23.

[20] 人民论坛"特别策划"组：变迁中的中国乡村治理, 人民论坛, 2015(14).

[21] 文新宇.贵州少数民族地区乡村治理相关法律问题及其分析——基于国家法与民族习惯法的关系分析[C].中国法学会民族法学研究会.民族法学评论(第八卷).中央民族大学出版社, 2011.

附录 主要访谈对象基本信息

姓名	性别	民族	出生年	学历	从事职业	访谈时间
XCH	男	朝鲜族	1978	中专	原村会计 现任村委会主任 返乡创业模范	2020-12-27 2021-01-14 2021-04-10 2021-05-03 2022-06-21 2022-08-03 2022-08-13 2022-10-21 2022-10-31 2023-01-29
LYD	男	汉族	1962	高中	原村委会主任 现任监督委员会主任	2021-01-18 2021-03-09
HBN	男	汉族	1971	大学	原驻村第一书记	2021-01-18 2021-01-19 2021-03-15
HSN	女	朝鲜族	1953	初中	老年协会会长	2021-01-17 2022-08-13
SMY	女	朝鲜族	1983	大专	妇女主任	2022-08-13 2023-01-31
YCL	男	汉族	1983	大专	现驻村第一书记	2022-08-03
CM	男	汉族	1984	大学	驻村工作队	2023-02-06
HMW	男	汉族	1985	大专	村副书记	2021-01-17 2021-04-10
WAS	男	汉族	1958	高中	村民	2021-03-09
JSG	男	朝鲜族	1952	初中		2021-01-17
PMZ	女	朝鲜族	1946	小学		2021-01-15

姓名	性别	民族	出生年	学历	从事职业	访谈时间
LYJ	女	朝鲜族	1962	初中		2021-01-15 2021-01-17 2021-01-19
YHZ	男	朝鲜族	1962	初中		2022-08-13
ZCF	男	朝鲜族	1935	小学		2021-01-16 2022-08-13
LZG	男	朝鲜族	1980	初中		2022-10-21
YFY	女	朝鲜族	1970	大专		2022-08-13
JJW	男	朝鲜族	1971	大学		2021-03-13
PSZ	男	朝鲜族	1940	初中		2021-01-19 2022-08-03
SJL	男	朝鲜族	1956	初中		2022-08-03
ZN	男	朝鲜族	1947	小学		2020-06-18 2021-01-16
LSZ	男	朝鲜族	1947	大专		2021-04-10
CXW	男	朝鲜族	1987	大学		2021-03-06
WXG	男	汉族	1945	小学		2021-03-13
AFB	男	汉族	1974	高中		2021-03-15
LMZ	女	朝鲜族	1944	小学		2021-01-15
JBN	男	朝鲜族	1948	初中		2022-08-03
QJA	女	朝鲜族	1979	初中		2021-03-13 2021-05-03
HZZ	男	朝鲜族	1962	初中		2021-01-16 2021-03-09
CYZ	女	朝鲜族	1952	初中		2021-03-09
PZX	男	朝鲜族	1947	初中		2022-08-13

姓名	性别	民族	出生年	学历	从事职业	访谈时间
CDL	男	朝鲜族	1959	初中		2021-03-06
LXL	男	朝鲜族	1959	初中		2022-08-03
PXL	男	朝鲜族	1948	初中		2022-08-13
NLJ	女	朝鲜族	1952	初中		2021-01-16
LC	男	朝鲜族	1985	大学	龙井市国有林场场长	2022-06-21
NSG	男	朝鲜族	1980	大学	Z镇政府副书记	2022-08-05
JM	女	朝鲜族	1990	大学	Z镇政府	2022-08-05
ZXH	女	朝鲜族	1989	大学	Z镇政府	2022-10-21
LCH	男	朝鲜族	1985	大学	Z镇政府	2022-10-21
CXL	女	朝鲜族	1986	大学	龙井市K镇镇长	2022-11-02
LYH	男	朝鲜族	1985	大专	和龙市X镇政府	2022-11-02
QJ	男	朝鲜族	1994	大学	和龙市X镇政府	2022-11-02
XJ	男	朝鲜族	1985	大学	和龙市G村村委会	2022-11-02
HBC	男	汉族	1993	大学	安图县Y乡政府	2022-11-11

作者简介

朴贞花

现就职于延边大学人文社会科学学院，毕业于延边大学人文社会科学学院民族学专业。博士研究生学历，硕士生导师。主要研究方向为民族地区乡村治理、社会组织管理。

主持完成多项各类科研项目和教研项目，其中代表性的是国家民委项目《东北边疆民族地区精准扶贫脱贫的实施困境及对策研究》，在国内外学术期刊和学术会议上发表10余篇论文。

多元共治：东北边疆民族地区乡村治理研究
一基于龙井市明东村的调查

초판1쇄 인쇄 2023년 12월 1일
초판1쇄 발행 2023년 12월 15일

지은이   朴贞花(박정화)
펴낸이   이대현
편집   이태곤 권분옥 임애정 강윤경
디자인   안혜진 최선주 이경진
마케팅   박태훈

펴낸곳   도서출판 역락
출판등록   1999년 4월 19일 제303-2002-000014호
주소   서울시 서초구 동광로 46길 6-6 문창빌딩 2층 (우06589)
전화   02-3409-2060
팩스   02-3409-2059
홈페이지   www.youkrackbooks.com
이메일   youkrack@hanmail.net

ISBN 979-11-6742-676-5 93300
字数: 177,996字